Hans Modrow
Aufbruch und Ende

W0094186

Hans Modrow
Aufbruch und Ende

Konkret Literatur Verlag

Mitarbeit: Wolfgang Meyer

© 1991 Konkret Literatur Verlag, Hamburg
Umschlaggestaltung: Cordula Reiser
Umschlagfoto: vario press
Druck: Fuldaer Verlagsanstalt, Fulda
ISBN 3-89458-100-X

Inhalt

Vorwort

Schon sechs Monate nach dem Beitritt der DDR zur Bundesrepublik am 3. Oktober 1990 ist die Begeisterung über diesen
schnellen Weg zur deutschen Einheit verflogen. Eine rasch auf
drei bis vier Millionen ansteigende Zahl von Arbeitslosen, Fir-
menschließungen, Abwicklungen von wissenschaftlichen
Instituten und Kultureinrichtungen in den neuen Bundesländern und neue Steuern kennzeichnen die Lage. So hatten sich
die DDR-Bürger die Einheit nicht vorgestellt. Gab es zu diesem
Weg eine Alternative? Ich meine ja, der längere Weg von der
Stabilisierung der demokratisch erneuerten DDR über eine
Konföderation zur Einheit hätte den Bürgern viele Härten der
gegenwärtigen Entwicklung erspart.

Ich bin wiederholt gefragt worden, ob ich nicht über den Kurs,
den ich als Ministerpräsident der DDR verfolgt habe, ein Buch
schreiben wolle. Die Monate nach den Wahlen am 18. März
waren kaum weniger bewegt als meine Regierungszeit, so daß
mir einfach die Zeit, Kraft und Konzentration für die Nieder-
schrift eines Buches fehlten. Mir fehlte zunächst auch der
innere Abstand zu den Ereignissen. Selbst jetzt, nach einem
Jahr, zögere ich, der Öffentlichkeit ein Buch über mein Wirken und meine Regierung vom Herbst 1989 bis zum Frühjahr
1990 vorzulegen. Was ich geschrieben habe, ist meine persönliche Sicht. Es ist das eigene Erleben aus dem Gedächtnis berichtet, nicht aus dem Studium der Dokumente. Den Historikern
bleibt es überlassen zu beurteilen, was ich falsch gemacht habe
oder ob der Kurs meiner Regierung richtig war.

Ich habe mit dem festen Willen gearbeitet, alle meine Kraft für die demokratische Erneuerung des Landes, für das Wohl seiner Bürgerinnen und Bürger zu geben.

Berlin, im März 1991   Hans Modrow

I. Die Wende zu einer besseren DDR

Über den Herbst 1989 ist in den letzten Monaten manches geschrieben und gesprochen worden. Die Zahl derer, die sich heute darauf berufen, Träger und Mitgestalter gewesen zu sein, wird immer größer. Und an Politikern, die die demokratische Umwälzung in geschickter Weise für sich nutzen oder gar mißbrauchen, mangelt es nicht.

Natürlich war der Herbst 1989 Ergebnis verschiedener Entwicklungen – der Bürgerbewegungen, die schon frühzeitig begannen, des Wirkens der Kirchen für Begegnung und Dialog, des Massenexodus aus der DDR im Sommer des Jahres. Hier gab es unterschiedliche Motive, es gab verschiedene Einflüsse und auch gegensätzliche Ziele, wenn ich nur an die Mitglieder der Bürgerbewegungen und an jene denke, die das Land verließen.

Die Bürgerbewegungen wirkten schon lange unter dem Dach der Kirche für eine demokratische Umwälzung in der DDR. Verantwortliche Männer der Kirche übertrugen ihr Verständnis von der »Kirche im Sozialismus« auch auf die Unterstützung für die Bürgerbewegungen wie die »Initiative Frieden und Menschenrechte« und später das »Neue Forum«. Sie wollten kritischer Wegbegleiter sein und mithelfen, neue demokratische Spielräume zu schaffen.

Die vielen Tausende, die im Sommer über Ungarn das Land verließen, hatten bereits mit der DDR gebrochen und suchten die von westlichen Medien immer wieder ganz genau beschriebenen Wege in die BRD.

Der Sommer 1989 machte zweierlei deutlich: Die absolute Unfähigkeit der Führung um Erich Honecker, Schlußfolgerungen aus der entstandenen politischen Situation zu ziehen, und den inneren Zerfall des Warschauer Vertrages, der mit der Öffnung der ungarischen Grenze nach Österreich besonders sichtbar wurde.

Hinweise und Signale aus Bezirken und Kreisen, aus der eigenen Partei wurden von der Führung ignoriert. Als die Ereignisse sich dann überschlugen, reagierte die Führung kopflos. Ihre Konzeptions- und Sprachlosigkeit resultierte aber nicht aus Machtkämpfen. Dazu fehlte vor allem Egon Krenz wirkliche Entschlossenheit. Es ging eher um Einfluß und die freundschaftliche Nähe zu Erich Honecker, der noch heute versucht, die Handlungsunfähigkeit der Parteiführung mit seiner Krankheit zu begründen. Aber das ist Selbstbetrug. Krenz erklärte die verfahrene Lage mit einem Zwangsurlaub, der ihm als dem eigentlichen Stellvertreter des Generalsekretärs von Honecker verordnet worden war. Und Günter Mittag schwieg, da er sich nie zu eigenen politischen Entschlüssen durchringen konnte. Den »führenden Genossen« ging es um die Erhaltung ihrer Macht. Sie wollten die Realitäten einfach nicht zur Kenntnis nehmen und waren deshalb auch unfähig, eine wahre Lageeinschätzung und konzeptionelle Vorschläge zur Überwindung dieser schweren Krise im Politbüro vorzulegen.

In völliger Verkennung der Situation glaubte Erich Honecker, mit den Feierlichkeiten zum 40jährigen Jubiläum der DDR die politische Stabilität des Landes sichern zu können: Treffen der alten Kampfgefährten des antifaschistischen Widerstands, Fackelzug der Jugend, Festveranstaltung und festlicher Empfang — und überall eine Rede des geliebten und geachteten Generalsekretärs und Vorsitzenden des Staatsrates. Das alles sollte die gewaltigen Probleme im Lande übertönen und die alte Ordnung wiederherstellen. Ausländische Gäste, vor allem Michail Gorbatschow, stellten den internationalen Rahmen dafür dar.

Dieses Szenarium wurde voll durchgespielt, aber es funktionierte kaum noch im Sinne seiner Initiatoren. Der Fackelzug der Jugend wurde zu einer Demonstration für Perestroika und

Glasnost, und die Worte Michail Gorbatschows, »wer zu spät kommt, den bestraft das Leben«, hatten Signalwirkung.

Trotz Einladung zu allen Festlichkeiten nahm ich nur am Treffen der Widerstandskämpfer teil. Hier konnte ich Menschen begegnen, denen ich hohe Achtung zollte und mit denen ich mich durch meine frühere politische Tätigkeit auch persönlich verbunden fühlte. Außerdem war eine kurze Beratung Erich Honeckers mit den Ersten Sekretären der SED-Bezirksleitungen nach dem Treffen angesagt. Das war nicht unwichtig für mich, da ich gehört hatte, daß mein Auftreten Ende September in Stuttgart Unwillen in Berlin ausgelöst hatte. Allein der Besuch bedeutete für die Parteiführung fast eine Rebellion. Denn Volkskammerpräsident Horst Sindermann hatte gerade erst Horst Ehmke mit einer Delegation des Bundestages ausgeladen, weil im Vorfeld des Besuches die Haltung der DDR-Führung zum Flüchtlingsstrom in die BRD kritisiert worden war. Da ich darauf bestanden hatte, die Einladung des SPD-Vorstandes Baden-Württemberg anzunehmen, bestätigte das Sekretariat des ZK der SED die Reise. Das geschah, wie man mir dann im Apparat des ZK bedeutete, in der stillen Hoffnung, daß ich »schon ins offene Messer laufen« werde. Man erwartete wohl einen offenen Konflikt mit den sozialdemokratischen Partnern und Probleme bei den Begegnungen mit den Medien in der Bundesrepublik. Sicher gab es mit Ulli Maurer, dem Landesvorsitzenden der SPD, und mit Dieter Spöri streitbare Debatten, aber auch ausreichenden Konsens, um weitere Begegnungen und Zusammenarbeit zwischen den regionalen Leitungen der SED Dresden und der SPD Baden-Württemberg zu vereinbaren. Herta Däubler-Gmehlin kam im Auftrag von Hans-Jochen Vogel nach Mannheim zum Empfang des Oberbürgermeisters, um persönliche Gedanken in dieser so komplizierten politischen Situation auszutauschen.

Wenige Tage zuvor war Harry Tisch als Vorsitzender des FDGB in Stuttgart. Er hatte die Fragen der Journalisten nach seiner Einschätzung der Ausreisewelle mit der Bemerkung abgeschmettert, daß er sich an der Schlammschlacht nicht beteiligen wolle. Das zeigte, daß Harry Tisch und mit ihm das Politbüro den Ernst der Lage nicht zur Kenntnis nehmen wollten.

Für mich tat sich in der Begegnung mit den Medien der BRD ein besonderes Problem auf. Da ich seit Jahren von ihnen als »Hoffnungsträger« gehandelt wurde, galt mir eine Aufmerksamkeit, die weit über das Treffen mit der SPD-Führung von Baden-Württemberg hinausging und natürlich auch etwas mit der Sprachlosigkeit der SED-Führung zu tun hatte. Zur Vorbereitung des Stuttgarter Treffens hatte Hermann Axen noch mit mir gesprochen, ohne sich dabei zu den eigentlichen brennenden Fragen zu äußern und ohne auf meine Fragen einzugehen. Er empfahl mir, die Medien möglichst zu meiden. Von Pressekonferenzen wurde mit Entschiedenheit abgeraten. Meine Position war eine andere. Mir schien es erforderlich, den Dialog zu suchen und der Sprachlosigkeit entgegenzuwirken.

Heute ist mir bewußt, daß ich das starke Interesse der Medien in der BRD an meinem Besuch noch entschiedener hätte nutzen müssen, um meine kritische Position zur Politik der Parteiführung deutlich zu machen. Für Erich Honecker war schon meine Aufforderung zum gründlichen Nachdenken, zu notwendigen Schlußfolgerungen zuviel. Am 3. Oktober kritisierte er mein Verhalten: zum Nachdenken bestehe auf unserer Seite kein Anlaß. Seine Rede zum 40. Jahrestag der DDR werde die richtige Antwort schon geben. Diese Rede ging dann so entschieden an der Wirklichkeit vorbei, daß sie die schon angespannte Lage nur noch mehr belastete. Viele Mitglieder der eigenen Partei waren schockiert über so viel Realitätsferne. Danach verstärkten sich daher auch die inneren Auseinandersetzungen in der SED selbst.

Die ersten Oktobertage spiegelten die Zerrissenheit der DDR wider. In den festlichen Veranstaltungen trafen sich jene, die Staat und Gesellschaft noch trugen, auf den Volksfesten in Städten und Gemeinden waren Hunderttausende, die zu diesem Zeitpunkt noch die real existierende DDR mehr oder weniger akzeptierten, und an den Abenden vereinigten sich

Zehntausende mit der Forderung nach einer grundlegenden Umgestaltung der DDR. Darunter waren viele junge Menschen, die sich von der Bevormundung in der Gesellschaft freimachen wollten, ohne schon konkrete Vorstellungen über einen neuen demokratischen Weg zu haben.

Eine bestimmende Rolle spielten in diesen Tagen Berlin, Leipzig und Dresden. Das äußere Erscheinungsbild der Ereignisse war ähnlich, aber die Inhalte und Abläufe waren doch unterschiedlich. In Dresden war der Höhepunkt von Konfrontation und Gewalt gleich am Anfang. Die Haltung der Partei- und Staatsführung in der Ausreisefrage — »Wer die DDR verläßt, egal über welchen Weg, darf es nicht als Staatsbürger der DDR tun« — führte zu der unsinnigen Entscheidung, die drei Züge mit Übersiedlern aus der Prager Botschaft der BRD über Dresden zu leiten. Damit sollten hoheitsrechtliche Interessen der DDR gewahrt werden. Kein Protest und keine Forderung an den Verkehrsminister Arndt, eine andere Entscheidung herbeizuführen, halfen. Er versicherte, daß er alle nur denkbaren Schritte unternommen habe, aber ohne Erfolg. Die Durchfahrt der Züge durch Dresden war nicht zu verhindern, zumal es einen Umstand gab, auf den mich Otto Arndt in der Auseinandersetzung aufmerksam machte: die überfüllten Züge standen bereits an der Grenze. Eine Rückfahrt nach Prag hätte Panik auslösen können. Ebenso konnte aber auch ein von Tausenden von Menschen erzwungener Halt der Züge in Dresden für viele Übersiedler lebensgefährlich werden.

Da die Entscheidung nicht mehr rückgängig zu machen war, wurden alle Anstrengungen zur Sicherung des Hauptbahnhofs unternommen, um das Schlimmste zu verhüten. Die dafür erforderlichen Maßnahmen wurden zwischen den jeweiligen Führungsstäben der zentralen Ministerien abgestimmt und von ihnen angewiesen. Da die Medien ausführlich über die bevorstehenden Ereignisse in Dresden berichteten, kamen Bürger aus allen Teilen des Landes an diesem Abend in unsere Stadt, um — wenn nötig auch mit Gewalt — die Züge zu stoppen oder während der Fahrt aufzuspringen. Die Volkspolizei hatte aus dem Bezirk Halle bereits Unterstützung erhalten, sah sich jedoch allein außerstande, den Ansturm auf den Hauptbahnhof zu verhindern, um die sichere Durchfahrt der Züge ohne Gefährdung von Menschenleben zu gewährleisten. Der Bezirkschef der Volkspolizei hatte deshalb den Hauptstab der NVA um Unterstützung ersucht, bat mich aber gleichzeitig, die Bereitschaft des Verteidigungsministers Heinz Keßler zur Hilfeleistung einzuholen. Heinz Keßler hat nach Prüfung der Lage durch seinen Stab auch eine entsprechende Weisung erteilt. Es kam zum Polizeieinsatz von Armeeangehörigen, aber nicht zum Einsatz von Waffen.

In diesen dramatischen Abend- und Nachtstunden vom 4. zum 5. Oktober stand Gewalt gegen Gewalt. Zum Glück ist es dabei zu keinen Menschenopfern gekommen, auch wenn es Übergriffe gab, die in ihrer Schärfe nicht hätten sein dürfen. In dieser Nacht ist am Gebäude des Hauptbahnhofs ein Schaden von rund einer halben Million Mark entstanden. Aufgrund meiner Absprache mit Verkehrsminister Arndt sind dann keine weiteren Züge mehr über Dresden geleitet worden.

An den folgenden Abenden des 5., 6. und 7. Oktober haben Dresdner Bürger und Bürgerbewegungen Demonstrationen durchgeführt, gegen die erneut Polizeikräfte zum Einsatz kamen, weil sie vom zentralen Einsatzstab als »nicht angemeldet« gewertet wurden. In diesen Tagen hatte ich noch kein klares Verständnis dieser Ereignisse. Auf jeden Fall schloß ich einen Einsatz der Kampfgruppen, die zwar von der Volkspolizei ausgebildet, aber nur mit Zustimmung der Partei einsetzbar waren, in meinen Überlegungen völlig aus. Es durfte keine Konfrontation zwischen Bürgern geben. Das Vorgehen von Sicherheitskräften gegen die abendlichen Demonstrationen sollte nach meinem damaligen Verständnis ein Untergraben der politischen Stabilität des Landes verhindern. Das war der Grund, warum ich zunächst nicht alles mir Mögliche unternahm, um mich den von den zentralen Stäben befohlenen Eingriffen der Sicherheitskräfte entgegenzustellen, und das damit verbundene Provozieren der Demonstranten zu beenden.

Gleichzeitig erkannte ich jedoch auch, daß Ruhe nur ohne Anwendung von Gewalt wiederhergestellt werden konnte. Da die Demonstranten Gewaltlosigkeit zum Prinzip ihrer Aktionen erhoben hatten, konnte und mußte ein Weg gesucht und gefunden werden, um Gewaltlosigkeit zwischen Demonstranten und Sicherheitskräften herzustellen.

Am 8. Oktober ergriffen die Vertreter der Kirche die Initiative dazu. Landesbischof Hempel und Superintendent Ziemer suchten eine Absprache mit Oberbürgermeister Berghofer. Sie wollten vermittelnd mit den Tausenden von Bürgern sprechen, die auf der Prager Straße versammelt und von Polizeikräften eingekesselt waren. Wolfgang Berghofer bat um meine Meinung und Unterstützung in dieser Situation. Für mich bot sich damit eine Chance, Gewaltlosigkeit zu erreichen und das Vertrauen der Vertreter der Kirche zu rechtfertigen. In diesem Sinne informierte ich auch den Chef der Bezirksbehörde der Volkspolizei und forderte ihn auf, nach den Verhandlungen des Bischofs die Demonstration friedlich aufzulösen. Die Dresdner Entscheidung eröffnete in diesen Tagen erstmals den Weg zu Gewaltlosigkeit und leitete den Dialog ein. An diesem Abend wurde spontan die »Gruppe der Zwanzig« von Dresdner Bürgerinnen und Bürgern gebildet, die später eine wichtige Rolle im Dialogprozeß der Bürgerbewegungen und bei den Begegnungen mit Oberbürgermeister Berghofer spielte.

In der Vergangenheit ist in diesem Zusammenhang immer wieder die Frage nach meiner Verantwortung für die Staatssicherheit, d. h. nach der sogenannten Befehlsgewalt, gestellt worden. Dazu möchte ich folgendes sagen: Die Ereignisse um den 40. Jahrestag der DDR trugen einen sehr komplexen politischen Charakter. Da wurden wie üblich Ehrenbanner an Arbeitskollektive überreicht, Sonderobjekte in Betrieb genommen, Neubauten ihrer Bestimmung übergeben, Volksfeste veranstaltet, zahlreiche ausländische Delegationen empfangen und viele Aktivitäten mehr. Die abendlichen Demonstrationen standen dazu im Gegensatz. Sie waren Ausdruck des wachsenden Widerstands gegen die undemokratischen Verhältnisse, des Unmuts und der Empörung über die schlechte Versorgung und auch über die gewaltsame Auflösung der Protestumzüge.

In diesen Tagen gehörte es zu meiner Verantwortung, die komplizierte politische Lage einzuschätzen und täglich mit den jeweils Verantwortlichen zu beraten. Das waren die für politische Arbeit Verantwortlichen in der Partei, der Vorsitzende des Rates des Bezirkes und die Vertreter der Volkspolizei sowie der Leiter der Staatssicherheit im Bezirk. Beraten wurden Fragen der politischen Gestaltung, des Ablaufs und der Ordnung bei den vielfältigen Veranstaltungen im Bezirk zum 40. Jahrestag der DDR. Und es wurden Informationen über die Demonstrationen jeweils vom Abend davor entgegengenommen. Da die Befehle für die Einsätze bei Demonstrationen von den Berliner Stäben kamen, war es mein Bemühen, immer wieder auf die Notwendigkeit hinzuweisen, Zurückhaltung zu üben, um Konflikte zu vermeiden. Es war doch bereits zu erkennen, daß eine politische Lösung notwendig war, um eine Eskalation zu verhindern.

Daß am 8. Oktober ein Gespräch zwischen Demonstranten und Vertretern der Kirche und auch des Staates möglich wurde, dafür waren unsere politische Einflußnahme und die Bereitschaft der Demonstranten zu Gewaltlosigkeit ausschlaggebende Faktoren. Es machte aber auch eine Änderung im Verhalten der Polizeikräfte sichtbar, ihre Bereitschaft, die Bürgerbewegung zu tolerieren. Jetzt wird immer so getan, als hätte sich jeder, der bei der Staatssicherheit, jeder der bei der Armee, jeder der in der SED war, gegen den Demokratisierungsprozeß gestellt, als hätte allein die Bürgerbewegung das alte Regime weggeschwemmt. Das ist ja der Unterschied zu Rumänien, wo die bewaffneten Kräfte sich gegen das Volk gestellt und ein Blutbad angerichtet haben. In der DDR waren dagegen auch in diesen Bereichen schon viele bereit, den Prozeß der Umgestaltung mitzutragen.

Was ich in diesen Tagen zunächst nicht überblickte und erfaßte, war die große Zahl der willkürlichen Festnahmen durch die Polizei. Erst in einer Versammlung im Staatsschauspiel wurde ich damit durch einen Erlebnisbericht konfrontiert. Daraufhin habe ich die sofortige Herstellung der Rechtslage von den dafür Verantwortlichen gefordert.

Mein Verhalten und das von Wolfgang Berghofer standen in diesen Tagen und in den nachfolgenden Wochen im Gegensatz zu der Politik, die in Berlin vertreten wurde. Von dort wurde die Aufrechterhaltung von Ordnung und Sicherheit gefordert. Honecker glaubte noch immer an eine kurze Episode. Krenz hoffte, mit einer Erklärung der Parteiführung den stark angewachsenen Druck in der Partei abfangen und sich damit doch noch an die Spitze der Bewegung stellen zu können.

Wolfgang Berghofer und ich sahen das ganz anders. Wir wollten den Dialog und suchten einen Konsens mit den Bürgerbewegungen für eine demokratische Umwälzung im Zeichen der Perestroika.

So wurde die »Gruppe der Zwanzig« in die Tätigkeit der Stadtverordnetenversammlung einbezogen. Das geschah nicht ohne Vorbehalt von beiden Seiten und nicht ohne Mißtrauen. Dennoch, es wurde gewagt, und noch bevor die »Runden Tische« aufkamen, wurde in Dresden mit Dialog und Zusammenarbeit begonnen.

Am 23. Oktober waren es dann Zehntausende, die sich auf dem Theaterplatz versammelten und spontan den Dialog mit mir und Berghofer forderten. In der Kreuzkirche war dazu aufgerufen worden, und nur durch eine zufällige Begegnung auf der Straße erfuhren wir davon. Im Zeichen der Gewaltlosigkeit und der Toleranz wurde mit Unterstützung eines Lautsprecherwagens der Volkspolizei an diesem Abend eine offene Diskussion geführt. Danach riefen der Rat der Stadt und die »Gruppe der Zwanzig« für den 26. Oktober zur Demonstration und zum Massendialog über Politik und Wende auf. Gemeinsam mit Wolfgang Berghofer und mir waren Vertreter aller anderen Parteien sowie Sprecher der »Gruppe der Zwanzig« Teilnehmer dieser dramatischen Abenddiskussion, die über hunderttausend Menschen für viele Stunden zusammenführte.

Für mich war dieser Prozeß des Dialogführens, zu dem gleichermaßen Gespräche mit Vertretern des Neuen Forum wie auch mit Stahlwerkern im Edelstahlwerk Freital gehörten, der wirkliche Beginn einer Wende. Da ging es nicht um den Versuch, an die Spitze der Bewegung zu kommen, um sie dann wieder in alte Bahnen zu lenken, sondern um eine wirkliche Reformierung des Sozialismus in der DDR, die nach meiner Auffassung seit langem nötig war. Diese Haltung war Grundlage für mein Auftreten innerhalb der Partei in diesen Tagen.

Dabei kam ich auch in persönliche Widersprüche. So wollten Teilnehmer an der Versammlung im Staatsschauspiel von mir eine scharfe Verurteilung des Verhaltens der Parteiführung hören, während ich argumentierte, eine solche notwendige Kritik müsse ich im ZK der SED üben, sie gehöre nach meinem Verständnis nicht in eine öffentliche Versammlung. Natürlich konnte diese Haltung keine Zustimmung finden. Aber ich vermochte in dieser Frage der Parteidisziplin noch nicht über meinen Schatten zu springen.

Der Rücktritt Erich Honeckers

Die letzte Beratung Erich Honeckers mit den Ersten Sekretären der SED-Bezirksleitungen am 12. Oktober bot dann Gelegenheit zur grundsätzlichen Kritik und zur Forderung nach einer neuen Politik mit notwendigen Konsequenzen in der Führung. Der Beratung war eine zweitägige Sitzung des Politbüros vorausgegangen. In einer am Schluß dieses Treffens abgegebenen Erklärung wurde weder die Lage realistisch eingeschätzt noch eine Reformkonzeption vorgelegt. Da Honecker in seiner über zweistündigen Rede auf der Beratung mit den Ersten Bezirkssekretären weit hinter den wenigen schwachen Ansätzen der Erklärung zurückblieb, wurde die Politikunfähigkeit der Parteiführung nur noch deutlicher.

Nach Honecker erhielt ich als erster das Wort. Ich stellte die Frage, ob seine Darlegungen das Ergebnis der zweitägigen Beratung seien. Und ich fügte hinzu: »Wenn ja, dann legt das

Zeugnis vom Versagen der Führung ab.« Wenig später unterbrach Honecker meine Rede und erklärte, daß ich mit einer Plattform gegen die Parteiführung auftreten würde. Der Einwurf hielt mich jedoch nicht davon ab, meinen Standpunkt darzulegen.

Die Beratung entsprach auch nicht den politischen Anforderungen dieser Tage, denn nur Hannes Chemnitzer und Günter Jahn übten außer mir grundsätzliche Kritik an der Parteiführung und erhoben ebenfalls die Forderung nach einer Wende. Die anderen Bezirkssekretäre vermieden die schon überfällige Auseinandersetzung.

Egon Krenz erklärte nach der Beratung in einem Gespräch mit dem Politbüromitglied Siegfried Lorenz und mir, daß es eine solch scharfe Kritik an Erich Honecker im Politbüro nicht gegeben habe. Er sehe nun aber die Chance, mit der Auswertung der Beratung auch die Frage nach Personalveränderungen zu stellen.

Trotz dieser Erklärung war ich noch nicht davon überzeugt, daß diese Konsequenz gezogen würde, denn der Forderung nach einer raschen Einberufung einer Tagung des ZK war man noch immer ausgewichen. Deshalb rief ich Honecker später an und bat um ein Gespräch. Es war meine Absicht, ihn zum Rücktritt zu bewegen und damit den Weg für weitergehende Entscheidungen freizumachen. Das Gespräch fand aber nicht mehr statt. Honecker war vor dem vorgesehenen Gesprächstermin zurückgetreten.

Auf der Beratung am 12. Oktober hatte ich mit Hannes Chemnitzer diese Forderung bereits abgesprochen. Doch das Verhalten der anderen Ersten Sekretäre der Bezirksleitungen der SED bot dafür noch keine Chance.

Der Druck von unten und Bestrebungen im Politbüro, einen bestimmten Personenwechsel vorzunehmen, ohne grundlegende Veränderungen auszulösen, führten zum Rücktritt Erich Honeckers. Alle Versuche, dieses Ereignis als einen Sturz darzustellen, gehen am Kern der Sache vorbei. Der Verlauf der Tagung des ZK am 18. Oktober liefert dafür den Beweis. Noch vor Beginn der Tagung wurden die Ersten Sekretäre der Bezirksleitungen im Beisein der Sekretäre des ZK von Willi Stoph über den Vorschlag informiert, Erich Honecker, Joachim Herrmann und Günter Mittag von ihren Funktionen zu entbinden. Stoph schlug Egon Krenz als Nachfolger Honeckers in allen Funktionen vor. Wir wurden aufgefordert, keine Diskussion darüber zu führen. Kurt Hager erhielt den Auftrag, die Schriftsteller und Künstler unter den ZK-Mitgliedern in diesem Sinne anzusprechen, was er jedoch mit Entschiedenheit ablehnte.

Die Tagung des ZK verlief dann doch nicht wie gewünscht. Nach der Eröffnung durch Willi Stoph gab Erich Honecker eine Erklärung ab, die keine Analyse der Lage enthielt, sondern seinen Gesundheitszustand als wesentliche Begründung für den Rücktritt anführte. Er schlug Krenz als seinen Nachfolger vor. Es gab dazu keine Diskussion und keine Anfragen. Alle waren mit dem Personalwechsel zufrieden. Die Abwahl der beiden Politbüromitglieder und ZK-Sekretäre Herrmann und Mittag wurde als Beseitigung der Hausmacht Honeckers verstanden.

So faßte die große Mehrheit der ZK-Mitglieder diese Tagung als einen Sieg auf. Sie begriff nicht, daß mit diesen Halbherzigkeiten schon der Boden für die bald notwendige Auflösung des ZK bereitet wurde. Der Antrag Professor Mebels, das Versagen von Mittag und Herrmann klar und eindeutig zu formulieren, war schon beinahe ein kleiner Aufstand. Mein Versuch, doch eine Diskussion auszulösen, scheiterte an der mehrheitlichen Haltung der ZK-Mitglieder. Ich hatte gerade begonnen, mich kritisch mit einer Schlagzeile im »Neuen Deutschland« vom selben Tag: »Von der Wahrheit, die von der Partei ausgeht«, auseinanderzusetzen, als die Politbüromitglieder Heinz Keßler und Werner Krolikowski mich unterbrachen. Ich konnte nur noch sagen: »Künftig wird man im Präsidium nicht mehr das Wahrheitsmonopol haben und sich andere Meinungen anhören müssen.« Damit war mein Versuch, eine kritische Diskussion auszulösen, gescheitert. Die Rufe: »Egon muß mit einer Rede ins Fernsehen«, überschallten alles.

So nahmen die Dinge ihren Lauf. Egon Krenz änderte kein Wort an dieser Rede, die er zuvor auf der ZK-Tagung gehalten hatte, und brachte schon mit diesem ersten öffentlichen Auftreten als Generalsekretär des ZK der SED die Massen und die eigene Partei gegen sich auf.

Das zeigte sich unmittelbar danach bei den Demonstrationen in Dresden, an denen Berghofer und ich teilnahmen. Der Rücktritt von Krenz wurde später noch nachdrücklicher gefordert, als die Volkskammer mit seiner Wahl zum Vorsitzenden des Staatsrates und des Nationalen Verteidigungsrates die alte Machtkonzentration erneut bestätigte.

Egon Krenz wollte vor seiner Reise in die Sowjetunion Ende Oktober von mir die Zusicherung haben, daß ich zur Mitarbeit in der Parteiführung bereit sei. Das war für Krenz aus zwei Gründen wichtig: Zum einen galt ich in den westlichen Medien schon seit längerer Zeit als »Hoffnungsträger«, zum anderen erwartete er, daß Michail Gorbatschow die Frage nach meiner Mitarbeit stellen werde.

Wir sprachen über mögliche Varianten: entweder Mitarbeit in der Regierung unter Stoph und Kleiber nach Abberufung Alfred Neumanns oder Sekretär des ZK der SED. Die Entscheidung blieb offen. Ich hatte noch zu bedenken gegeben, ob ich nicht die Funktion eines Sekretärs für Landwirtschaft übernehmen sollte. Werner Krolikowski hätte für Wirtschaftsfragen verantwortlich gemacht werden können, da er auf diesem Gebiet schon einmal im Politbüro und über zehn Jahre in der Regierung tätig gewesen war.

Beim Treffen zwischen Michail Gorbatschow und Egon Krenz am 1. November in Moskau kamen die wirklichen Verhältnisse in der DDR nicht zur Sprache. Krenz hatte die wahre Lage des Landes noch immer nicht erkannt. Er konnte oder wollte auch seine eigene Situation nicht zur Kenntnis nehmen. Und die sowjetische Seite zeigte sich wenig informiert und war der Auffassung, daß aus dem Oktoberbesuch Gorbatschows in der DDR nun doch entsprechende Schlußfolgerungen gezogen würden. So blieb sie bei der Vorstellung, mit Krenz und mit

Stoph an der Spitze der Regierung könnte Stabilität geschaffen werden. Die Frage nach meiner Mitarbeit in der Parteiführung wurde gestellt, andere Namen spielten keine Rolle.

Über die Bürgerbewegungen und ihren demokratischen Ansatz, die Notwendigkeit eines neuen Verhältnisses zwischen den Parteien, um eine breite Basis echter Zusammenarbeit zu schaffen, die Möglichkeiten, die in neuen Beziehungen zwischen Staat, Kirchen und Bürgerbewegungen lagen, wurde nicht gesprochen.

Das Protokoll dieser Begegnung machte zwar im Vergleich zu den Treffen Honeckers mit dem sowjetischen Partei- und Staatschef ein offeneres Verhältnis zwischen den Gesprächspartnern sichtbar. Doch Krenz war im Grunde genauso schlecht vorbereitet wie sein Vorgänger nach Moskau gereist. Die Medienmeldungen über das Treffen waren am Ende das Wichtigste an dem Besuch. Wenn man bedenkt, daß neun Tage später die Mauer geöffnet wurde und kein Wort dazu in dem Gespräch mit Gorbatschow fiel, auch nicht die Andeutung einer solchen Möglichkeit, dann zeigt das, wie weit beide Seiten von den Realitäten entfernt waren.

In Leipzig, Dresden und Berlin, auch in Magdeburg, Potsdam, Schwerin, Rostock und vielen anderen Städten gingen die Demonstrationen weiter. Aber nur in Dresden, Leipzig und Berlin gab es wirkliche Versuche des Dialogs zwischen der Partei und den Bürgerbewegungen, den Initiatoren der Demonstrationen.

In Leipzig hatten Kurt Masur, Superintendent Magirius, der Sekretär der SED-Bezirksleitung Roland Wötzel und andere am 9. Oktober zu Gewaltlosigkeit aufgerufen. In Berlin unternahm Günter Schabowski den Versuch eines Dialogs auf der Straße. In Dresden nahmen Vertreter aller Parteien und der Bürgerbewegungen den Dialog auf. Er war kritisch, voll berechtigter Vorwürfe und herausfordernd. Es ging vor allem darum, Übergriffe und Repressalien der Staatssicherheit zu beseitigen.

Obwohl ich damals bereits ganz klar für echte demokratische Veränderungen eintrat, erkannte ich noch immer nicht die Notwendigkeit, die Staatssicherheit aufzulösen. Zu diesem Zeitpunkt hielt ich noch an dem alten Schema von Ordnung und Sicherheit fest, wenn auch mit der Einsicht, Toleranz gegenüber Andersdenkenden zu üben. In meinem Verständnis waren öffentliche Ordnung und Sicherheit für jeden Bürger ebenso notwendig wie für die gewaltlose Demonstration und den Dialog.

Höhepunkt der Demonstrationen und der breiten Dialogbewegung war die Kundgebung auf dem Berliner Alexanderplatz am 4. November. Die Liste der Redner war lang. Alle forderten eine wirklich demokratische Umwälzung und den Rücktritt der im wesentlichen noch immer unveränderten Partei- und Staatsführung. Alle Redner sprachen von ihrer Sehnsucht nach einer besseren, demokratisch erneuerten DDR. Die Bürgerinnen und Bürger sollten in der DDR bleiben, um bei der Umgestaltung zu helfen. Niemand redete über eine Vereinigung der beiden deutschen Staaten, wenngleich die Vision von der Einheit der deutschen Nation im Bewußtsein breiter Kreise der DDR-Bevölkerung nie völlig untergegangen war. Erinnert sei auch daran, daß in den fünfziger Jahren die Forderung »Deutsche an einen Tisch« und der Vorschlag zur Bildung einer Konföderation der beiden deutschen Staaten von Politikern in beiden Staaten unterstützt wurden.

Die Maueröffnung

Als die Mauer errichtet wurde, hatte sich der Warschauer Vertrag einheitlich dazu bekannt. Es war keine alleinige Entscheidung der damaligen DDR-Führung. Alle Staaten, die an westliche Länder angrenzen, trugen sie durch eigene Grenzsicherungsmaßnahmen mit. Man war sich darin einig, daß die DDR nicht Opfer des Kalten Krieges werden dürfe und in der Gemeinschaft der sozialistischen Staaten als stabiler Partner verbleiben müsse. Mehr noch, offen wurde von der DDR als vorgeschobener Posten an der westlichen Grenze zum Klassenfeind gesprochen. Damit wurde die Ideologie genährt, alles, was an dieser Grenze geschehe, sei Teil und Ausdruck des Klassenkampfes.

Im Sommer 1989, als sich der Druck der DDR-Bürger, die das Land verlassen wollten, auf Ungarn und seine Grenzen zu Österreich konzentrierte, wurden auch die Auflösungserscheinungen des Warschauer Vertrages sichtbar. Die ungarische Regierung ließ sich in geheimen Verhandlungen mit der BRD die Öffnung der Grenze mit einem Kredit in Höhe von 500 Mio. DM honorieren. Die Forderungen der DDR nach Beibehaltung der alten Ordnung wurden abgewiesen. Die Partei- und Staatsführung der DDR stand dieser Situation hilflos gegenüber. Das galt besonders auch für Erich Honecker, der in einen ADN-Kommentar einfügen ließ, man solle denen, die gehen, keine Träne nachweinen.

Egon Krenz unternahm einen letzten Versuch, die Ausreisewelle doch noch unter Kontrolle zu bringen. Mit Hilfe eines neuen Gesetzes sollten die Reisemöglichkeiten nun endlich geregelt werden. In der Sitzung des Politbüros am 24. Oktober erteilte er den Auftrag, ein Reisegesetz zu entwerfen, damit bis Weihnachten dieses Problem vom Tisch sei.

In dieser Politbürositzung wurde das Dilemma der neuen Parteiführung mit Krenz an der Spitze deutlich: ihre Unkenntnis der eigentlichen Probleme und ihre Unfähigkeit zu deren Lösung. Der Zeitpunkt notwendiger Veränderungen war verpaßt. Alles, was zunächst nach dem 18. Oktober geschah, ließ erkennen, daß diese Führung auf eine echte Wende nicht vorbereitet und auch nicht eingestellt war.

Am 31. Oktober lag der Entwurf für ein neues Reisegesetz vor; am 6. November wurde er veröffentlicht. Er war für die Bürger völlig inakzeptabel. Durch unüberschaubare Versagungsgründe bot dieser Entwurf wieder Raum für Willkür. Außerdem blieb die Finanzierungsfrage völlig offen.

Die Diskussion über das Reisegesetz wurde am 7. November im Politbüro fortgesetzt. Grund dafür waren nicht neue Erkenntnisse im eigenen Kreis angesichts der Proteste gegen den Gesetzentwurf, sondern die Drohung der Regierung der CSSR, ihre Grenze zur DDR zu schließen, sollte das Problem der Ausreisenden nicht gelöst werden.

An diesem 7. November mußte Willi Stoph mit seiner Regierung unter dem Druck wachsender Forderungen nach grundlegenden Veränderungen im Land zurücktreten. Entsprechend der Verfassung blieb er aber bis zur Bildung einer neuen Regierung geschäftsführend im Amt.

Auch wenn bis heute die Einzelheiten der Maueröffnung am 9. November ungeklärt sind, so ist doch klar, daß es keine vorbereitete und geplante Entscheidung war. Keiner sollte heute noch versuchen, sich als Held der Maueröffnung aufzuspielen: es gab ihn nicht.

Das damalige Politbüromitglied Schabowski verkündete die − zweifellos längst fällige − Reisefreiheit für DDR-Bürger auf der Pressekonferenz am Abend des 9. November 1989 ohne Beschluß der Regierung, die ja noch unter Stoph die Geschäfte führte, und auch ohne Beschluß der Volkskammer, die entsprechend der Verfassung der DDR über diese weitreichende Frage hätte beraten und entscheiden müssen. Mit Recht wurde auf der Volkskammertagung am 13. November kritisiert, daß damit grundsätzliche Regelungen an der Volkskammer vorbei getroffen wurden, die von ihrer politischen und ökonomischen Tragweite in die Kompetenz dieses Organs gehörten.

Es hatte auch keine Verhandlungen mit der Bundesregierung und dem Westberliner Senat über die mit der Grenzöffnung zusammenhängenden ökonomischen, finanziellen oder rechtlichen Fragen gegeben. Auch die sowjetische Seite war nicht informiert worden. Wie aus einem Telefongespräch hervorging, das Krenz in den Vormittagsstunden des 10. November mit dem Botschafter der UdSSR in der DDR Kotschemassow führte, war die Sowjetunion von diesem Schritt total überrascht. Sie sah natürlich ihre unmittelbaren Interessen in Berlin berührt. Es hatte zwar einen Meinungsaustausch darüber gegeben, einen oder mehrere Grenzübergänge zur BRD im Süden der DDR zu öffnen. Dort sollten alle Ausreisewilligen das

Land verlassen können. Dagegen hatte die UdSSR keine Einwände erhoben.

Von der Verlesung des betreffenden Beschlußtextes durch Krenz im ZK am 9. November blieb mir im Gedächtnis, daß man ab dem 10. November einen wesentlichen Teil des Reisegesetzes wirksam machen wollte und die örtlichen Dienststellen der Volkspolizei Reise- und Ausreisegenehmigungen formlos, ohne besondere Anträge erteilen sollten. An jenem Abend des 9. November fragte mich auf dem Wege zu meinem Hotel in Berlin ein junger Mann, wo er — nach den Meldungen in Rundfunk und Fernsehen — die DDR verlassen könne. Da ich vom Inhalt der Pressekonferenz Schabowskis noch keine Kenntnis hatte, erklärte ich ihm entsprechend dem Beschluß des Politbüros, daß die staatlichen Stellen am nächsten Morgen die erforderlichen Papiere ausstellen würden. Der junge Mann widersprach heftig. Die Übergänge seien doch schon geöffnet und besondere Papiere seien nicht erforderlich, nicht einmal das Vorzeigen des Personalausweises.

Mein Verständnis des Beschlußes des Politbüros stimmte auch mit dem überein, was eine offizielle Pressemitteilung enthielt, die erst in den Morgenzeitungen des 10. November veröffentlicht werden sollte. Durch sie wäre im Gegensatz zu den Äußerungen Schabowskis auf der Pressekonferenz eine exakte Information an die Bevölkerung erfolgt. Auch die Grenztruppen hätten noch zu den beschlossenen Maßnahmen die erforderlichen Befehle erhalten können. Daß es in den Nachtstunden vom 9. zum 10. November an der Grenze ohne Zusammenstöße abging, ist einzig und allein dem verantwortungsvollen Handeln der eingesetzten Grenzer, ob Soldat oder Offizier, zu verdanken.

II. Amtsantritt unter schwierigsten Bedingungen

Mit dem Rücktritt der Stoph-Regierung stellte sich die Frage nach einem Nachfolger für den Ministerpräsidenten. Egon Krenz machte am 9. November dem ZK auch Vorschläge für die Neubesetzung des Politbüros. Wie sich noch während der Tagung zeigte, waren sie halbherzig und unüberlegt. Was den Regierungschef betraf, so wurde entschieden, der Volkskammer den Vorschlag zu unterbreiten, mich zum Ministerpräsidenten zu wählen und mit der Regierungsbildung zu beauftragen. Günter Jahn, 1. Sekretär der Bezirksleitung Potsdam, hatte mir bei der Wahl im ZK noch den Vorwurf gemacht, in Dresden an einer Demonstration teilgenommen zu haben, auf der es auch Losungen gegen Krenz gegeben habe. Das war in der Tat so. Bereits Anfang November wurden auf den Demonstrationen und Kundgebungen Stimmen laut: »Egon ist nicht unser Mann!«, die auch bald in der Partei selbst immer häufiger zu hören waren. Das eskalierte, als Krenz am 3. November in einer landesweit ausgestrahlten Rundfunk- und Fernsehrede mit der Formulierung »Die politische Wende, die wir eingeleitet haben...« sich und die Parteiführung als die Initiatoren des demokratischen Umbruchs auszugeben versuchte.

Bei der Beschlußfassung im ZK der SED gab es keinen Gegenkandidaten. Es lief wie in der Vergangenheit ganz einmütig ab. Ich hatte für die Tagung eine Diskussionsrede vorbereitet, die im ZK als Rahmen einer Regierungserklärung verstanden und von vielen auch als eine Auseinandersetzung mit den konzeptionslosen Darlegungen von Krenz betrachtet wurde. Übrigens wurde auf dieser Tagung mit der Rede des Direktors der Akademie für Gesellschaftswissenschaften beim

ZK der SED, Otto Reinhold, auch deutlich, daß von dort keine Reformkonzepte zu erwarten waren.

Mir wurde in diesen Tagen mehr und mehr klar, daß es für die Regierungsbildung nur eine Chance gab: eine große Koalition aller Parteien. Das mußte sowohl in der Regierungserklärung als einer Art gemeinsamen Programms der Parteien als auch bei der Besetzung der einzelnen Ministerposten seinen Niederschlag finden. Diese Einsicht verlangte auch, daß der Apparat des ZK der SED hier nicht maßgeblich eingreifen durfte, sondern daß eigene Überlegungen und Schritte erforderlich waren. So bat ich die Vorsitzenden der Parteien, unter ihnen auch den Generalsekretär des ZK der SED, um ein Koalitionsgespräch noch vor der Tagung der Volkskammer am 13. November.

In dieser ersten Koalitionsberatung ging es um die Zustimmung der Parteien zum Vorschlag für die Wahl des Ministerpräsidenten sowie um weitere Fragen der Vorbereitung der Volkskammertagung. An der Beratung nahmen neben Egon Krenz Lothar de Maizière, CDU, Manfred Gerlach, LDPD, Günther Hartmann, NDPD, und Günter Maleuda, DBD, teil.

Ein wichtiger Punkt der Tagesordnung war auch die Neuwahl des Präsidenten der Volkskammer. Die Abwahl des bisherigen Parlamentspräsidenten Horst Sindermann war überfällig. Es mußte außerdem geklärt werden, wie sich der Abgang der alten Regierung gestalten sollte. Um die spätere Debatte zur Regierungserklärung von den Schatten der zurückgetretenen Regierung freizuhalten, einigten wir uns darauf, eine Befragung der Minister des Stoph-Kabinetts auf dieser Volkskammertagung durchzuführen.

Die SED machte für den Präsidenten der Volkskammer keinen Vorschlag. Die LDPD und die DBD schlugen für dieses Amt jeweils ihren Vorsitzenden vor, aber auch andere Fraktionen hatten ihre Kandidaten benannt.

Im ersten Wahlgang erreichte bei 478 anwesenden Abgeordneten Prof. Dr. Drehfahl (Kulturbund) 53 Stimmen, Prof. Manfred Gerlach (LDPD) 111, Dr. Günter Maleuda (DBD)

185, Prof. Dr. Manfred Mühlmann (NDPD) 61 und Christine Wieynk (CDU) 62 Stimmen. Fünf Stimmen waren ungültig. Ein zweiter Wahlgang wurde erforderlich, da keiner der Kandidaten die absolute Mehrheit erreicht hatte. Bei der Stichwahl entschieden sich für Manfred Gerlach 230, für Günter Maleuda 243 Abgeordnete. Das war für Manfred Gerlach eine große Enttäuschung. Dieser Wahlausgang spielte später bei den Koalitionsverhandlungen immer wieder eine Rolle, weil bei der Verteilung der Minister- und Staatssekretärsposten ein Ausgleich zugunsten der LDPD geschaffen werden sollte.

Die Tagung der Volkskammer brachte mit der Wahl Günter Maleudas zum Parlamentspräsidenten eine wirkliche Überraschung. Wie sich bald zeigen sollte, war es eine gute Entscheidung, denn Günter Maleuda hat das Amt in hoher politischer Verantwortung, mit menschlicher Wärme und großem Sachverstand ausgeübt. Manfred Gerlach, der Verlierer dieser Wahl, ahnte ebensowenig wie wir anderen zu dieser Zeit, daß er wenige Wochen später die Funktion des amtierenden Vorsitzenden des Staatsrates an Stelle von Egon Krenz übernehmen würde.

Die Befragung der Minister wurde zu einem teilweise makabren Schauspiel. Staatssicherheitsminister Mielke, viele Jahre Mitglied des SED-Politbüros, tat, durch Fragen zur Tätigkeit des MfS unter Druck gesetzt, den Ausspruch: »Aber ich liebe doch alle Menschen, ich liebe doch euch alle«. Aber auch die klägliche Rolle von Stoph, Finanzminister Höfner und Volkskammerpräsident Sindermann und anderen lieferte den Beweis für das Wort Gorbatschows: »Wer zu spät kommt, den bestraft das Leben.«

Hier möchte ich eine Anmerkung zum Charakter der Regierung Stoph machen, die sich zweifellos durch eine Reihe von kompetenten Ministern auszeichnete. Mir geht es nicht darum, mich schützend oder sie rechtfertigend vor alle Kabinettsmitglieder zu stellen, schon gar nicht vor jene, die gleichzeitig Mitglieder des Politbüros waren. Mir geht es darum zu zeigen, welche Rolle die Regierung wirklich im damaligen Machtgefüge spielte, und auch darum, mein Verständnis von einer völlig anderen Funktion der Regierung, ihrem Verhältnis zu Parteien, ihrem Verhältnis zum Parlament zu verdeutlichen. Gemäß der Verfassung der DDR leitete der Ministerrat im Auftrag der Volkskammer die einheitliche Durchführung der Staatspolitik und organisierte die Erfüllung der innen- und außenpolitischen, ökonomischen, kulturellen und sozialen sowie der ihm übertragenen Verteidigungsaufgaben. Für seine Tätigkeit war der Ministerrat der Volkskammer verantwortlich und rechenschaftspflichtig.

Tatsächlich war es jedoch so, daß mit der Zeit durch Beschlüsse der damaligen Parteiführung, initiiert von einzelnen ihrer Mitglieder, neben dem Ministerrat Strukturen entstanden waren, durch die praktisch die Regierungsmacht ausgeübt wurde. Mitglieder des Ministerrats und andere Leiter von Organen der Regierung erhielten von dafür bestimmten Abteilungen des Appartes des ZK der SED ihre Anweisungen. Vieles wurde an der Regierung vorbei kommandiert und reglementiert. In anderen Fällen blieb der Regierung lediglich die Praxis des formalen »Nachbeschließens« von Beschlüssen, die im Politbüro, im Sekretariat des ZK der SED oder in anderen Parteigremien gefaßt worden waren. Auf diese Weise wurde das politische System ausgehöhlt und die Regierung ihrer eigentlichen Stellung im Staat beraubt. Für mich war diese Erkenntnis mitbestimmend für mein Handeln als Ministerpräsident.

Die Tagung der Volkskammer am 13. November setzte schon neue Zeichen, besonders was die kritische Auseinandersetzung mit der Vergangenheit betraf. Die Sprecher aller Fraktionen legten ihre eigenen Positionen dar und brachten ihre Forderungen nach einer Neugestaltung der parlamentarischen Arbeit ein. Günter Maleuda schloß diese Tagung mit der Feststellung: »Die 11. Tagung der Volkskammer, die eine Lehrstunde der Demokratie war, ist geschlossen.« Den an den Koalitionsgesprächen beteiligten Parteien war klar, daß die Zeit ein entscheidender Faktor war, daß wir rasch handeln mußten. Wir einigten uns darauf, der Volkskammer bereits am 17. No-

vember das Regierungsprogramm und die Kabinettsliste zur
Entscheidung vorzulegen. Das war für unser Land schon fast
ein Rekord. Der Faktor Zeit spielte in den folgenden Wochen
und Monaten eine immer größere Rolle und brachte uns nicht
selten in erhebliche Schwierigkeiten.

Die Regierungsbildung

Was ich schon vorher geahnt und befürchtet hatte, entsprach
der bitteren Wahrheit: Die offizielle Forschung an den wissenschaftlichen Einrichtungen der SED hatte für tiefgreifende
Reformen nichts zu bieten. Der alte Apparat des ZK der SED
konnte kein Partner mehr sein. Neue Überlegungen, Konzepte
und Angebote waren notwendig. Es mußte praktisch an mehreren komplexen Aufgaben gleichzeitig gearbeitet werden. In
kürzester Zeit, in Tag- und Nachtarbeit, mußte die Regierungserklärung entworfen und mit allen Koalitionspartnern abgestimmt werden. Gleichzeitig galt es, in Koalitionsverhandlungen die Schwerpunkte der Regierungsarbeit zu erörtern und
die Personalentscheidungen abzustimmen.

Die größten Probleme hatte ich bei den Personalfragen
zunächst mit der eigenen Partei. Der damalige Leiter der
Abteilung Staat und Recht, Günther Böhme, übergab mir eine
Liste mit Namen, die angeblich mit Egon Krenz abgestimmt
worden war. Wie sich herausstellte, hatte niemand aus der Parteiführung mit den von ihr vorgeschlagenen Personen über
deren Bereitschaft zur Mitarbeit in der Regierung gesprochen.
So mußte ich auch diesen Teil der Verantwortung übernehmen.

Bei der Regierungsbildung bemühte ich mich darum, die
Zahl der Regierungsmitglieder von 44 auf 28 zu verringern
und möglichst viele Neu- bzw. Umbesetzungen vorzunehmen
sowie erste Schritte für eine neue Struktur einzuleiten. Auch
wenn die SED mit 16 Ministern noch immer die Mehrheit im
Kabinett hatte, besetzten die anderen Koalitionsparteien nun
mit 12 Ministerposten acht mehr als in der Regierung Stoph.

Die Verhandlungen mit der LDPD verliefen besonders schwierig, da Manfred Gerlach den Verlust des Präsidentenamtes der Volkskammer im Ministerrat ausgleichen wollte. So übernahm schließlich die LDPD mit Dr. Peter Moreth die Funktion eines Stellvertreters des Vorsitzenden des Ministerrates. Peter Moreth hat eine verantwortungsvolle Arbeit bei der Anleitung und Unterstützung der örtlichen staatlichen Organe in den Bezirken und Kreisen geleistet und später ebenso die Regierung am zentralen Runden Tisch vertreten. Die LDPD besetzte außerdem drei weitere Ministerposten.

Die CDU schlug ihren neugewählten Vorsitzenden Lothar de Maizière als Stellvertreter des Vorsitzenden des Ministerrates vor. Er übernahm zugleich die in dieser Zeit so wichtige Verantwortung für Kirchenfragen. Es ging uns gemeinsam darum, als Regierung Zeichen für eine gute Zusammenarbeit mit den Kirchen zu setzen. Die CDU übernahm zwei weitere Ministerien. Die NDPD und die DBD besetzten jeweils zwei Bereiche. Die DBD erhielt nach Jahrzehnten wieder die Verantwortung für die Land-, Forst- und Nahrungsgüterwirtschaft, die ihr nur für kurze Zeit in der Regierung Otto Grotewohl oblag. Dr. Hans Watzek war der neue Ressortminister.

Die SED-Liste brachte noch einige Probleme, aber auch positive Überraschungen. Besonders die Frauen haben sich gut geschlagen. Wenn auch die Finanzministerin Uta Nickel leider vorzeitig ausgeschieden ist, war sie mir doch eine gute Mitstreiterin.

Hohe Anerkennung und Vertrauen hat sich Christa Luft als meine Stellvertreterin für Wirtschaftsfragen erworben. Sie war in dem Gespräch, in dem ich um ihre Mitarbeit in der Regierung bat, sehr überrascht. Sie hatte zunächst geglaubt, ich erwarte von ihr die Forschungsergebnisse der Hochschule für Ökonomie in Berlin-Karlshorst für eine Wirtschaftsreform, und konnte es kaum fassen, daß sie diese Überlegungen in der Regierung selbst verwirklichen sollte. Ich bin bis heute sehr froh darüber, daß ich mit Christa Luft zusammenarbeiten durfte. Ich schätze sie nicht nur als eine kompetente Wissenschaftlerin, sondern vor allem als eine warmherzige, offene und kameradschaftliche Persönlichkeit. Auch Hannelore Mensch hat als Ministerin für Arbeit und Löhne in der kurzen Zeit viel für die sozialen Belange der Bürgerinnen und Bürger der DDR geleistet, was sich bis in den Einigungsvertrag fortsetzte. Ich denke nur an die Vorruhestandsregelung, an die Bildung der Ämter für Arbeit und das Bemühen um Arbeitsbeschaffungsprogramme.

Ein vertrauensvolles Verhältnis hat mich bis zum letzten Tag unserer Regierung mit Lothar de Maizière verbunden, obwohl Kräfte in der CDU wie Generalsekretär Kirchner versuchten, ihn auf Distanz zu mir zu bringen und ihn zum Austritt aus der Regierung zu veranlassen. Lothar de Maizière und ich haben uns gut ergänzt. Während ich auf dem Gebiet der Politik manche Erfahrungen mitbrachte – wenn auch nicht in den Dimensionen einer Regierung –, hatte er sehr gute Kenntnisse auf dem Gebiet des Rechts. So manches Gesetz bzw. manche Verordnung hat ihre präzise Fassung gerade durch seine Hinweise erhalten. Gegenseitige Achtung und menschliche Nähe haben sich auch über die Zeit dieser Zusammenarbeit erhalten. Auch spätere Vorwürfe, die gegen ihn erhoben wurden, machen diese Zeit nicht vergessen. Es war sehr bedauerlich, daß er als Ministerpräsident so unter Druck geriet, daß sein Staatssekretär Krause, »der erste Bundesbürger in der DDR«, die Verhandlungen mit Bonn mehr bestimmte als er selbst.

Die Entscheidung, auch einige Minister mit Erfahrungen in unsere Regierungsarbeit einzubeziehen, hat sich mit Außenminister Oskar Fischer und Außenhandelsminister Gerhard Beil als richtig erwiesen. Beide hatten im östlichen und westlichen Ausland ein hohes Ansehen, was gerade in der Zeit des Übergangs von Bedeutung war für das internationale Wirken der DDR.

Auch wenn die Bildung eines Amtes für Nationale Sicherheit in den Koalitionsverhandlungen von keiner Partei in Zweifel gezogen wurde, muß ich mir die Frage stellen, warum es überhaupt noch dazu kommen konnte. Zunächst ein Wort zur damaligen Sicht und dann auch eine kritische Betrachtung mit dem heutigen Abstand:

In den Novembertagen gingen wir noch von der weiteren Existenz der DDR aus. Die Existenz des souveränen Staates DDR war damit Ausgangspunkt auch für die Fragen der inneren und äußeren Sicherheit. Meine erste Überlegung war, nur ein Ministerium, das Innenministerium, auch mit der sogenannten staatlichen Sicherheit zu beauftragen. Innenminister Lothar Ahrendt lehnte das ab, weil er befürchtete, damit das Ministerium zu überfordern und funktionsunfähig zu machen. Wolfgang Herger, der im ZK der SED für Sicherheitsfragen verantwortlich war, und Wolfgang Schwanitz, der von der SED als Minister benannt worden war, drängten auf das Fortbestehen des Ministeriums für Staatssicherheit (MfS). Sie erkannten lediglich an, daß eine grundsätzliche Veränderung in den Aufgaben und in der Struktur erforderlich sei und daß es nicht nur um eine Umbenennung gehen dürfe.

Im Dezember verlangte der Runde Tisch die Abschaffung des Amtes für Nationale Sicherheit. Diese Forderung beantwortete ich zunächst mit dem Vorschlag, analog zur BRD zwei Organe zu bilden, den Verfassungsschutz und den Nachrichtendienst der DDR. Dagegen wurde vom Runden Tisch erklärt, daß ein solcher Schritt erst nach einer Neuwahl getan werden dürfe und daß die Auflösung des MfS sofort einzuleiten und zu vollziehen sei. Die Regierung handelte entsprechend, und auf der 14. Tagung der Volkskammer (11. bis 12. Januar 1990) erklärte ich: »Das Amt für Nationale Sicherheit wird aufgelöst, und damit werden alle alten Strukturen aufgehoben.« Bis zum 6. Mai – damals noch der Termin der Neuwahl der Volkskammer – werde kein Verfassungsschutz gebildet.

Zu diesem Zeitpunkt waren bereits – besonders unter dem Druck der Bürgerbewegungen – über 30 000 Entlassungen aus dem MfS erfolgt. Die wirkliche Größe dieses Organs, seine verzweigten Strukturen, das Ausmaß der Überwachungen und Bespitzelungen begannen erst allmählich für mich offenkundig zu werden. Erst in dieser Phase verstand ich in vollem Maße den Haß derer, die aus den Bürgerbewegungen am Runden Tisch vertreten waren. Viele von ihnen waren Opfer des ungeheuerlichen Rechtsbruchs, den es in der DDR gegeben hat.

Die Regierung folgte in dieser Zeit allen Vorschlägen und Forderungen des Runden Tisches zur Auflösung des MfS/AfNS. Auch wenn alle Parteien der großen Koalition die Bildung eines Amtes für Nationale Sicherheit mitgetragen haben, sehe ich es heute als Fehler an, daß ich nicht sofort mit der Auflösung des gesamten Ministeriums begonnen habe. Natürlich hätte auch dieser Schritt an der Vergangenheit nichts geändert, aber die Regierung wäre schneller bei der Aufdeckung wirksam geworden.

Auch die Beibehaltung einer Staatlichen Plankommission unter der Leitung von Gerhard Schürer erwies sich bald als falsch. Schürer kam Ende Dezember selbst zu dieser Erkenntnis und bat um seine Entlassung. Es ging sowohl um die Schaffung eines neuen Wirtschaftsorgans mit neuer Struktur und Verantwortung, als auch um den Rücktritt des letzten Mitglieds des alten Politbüros der SED aus meiner Regierung. Gerhard Schürer hatte die Grenzen seiner Möglichkeiten erkannt. Da ich von seinen Bemühungen gegen Günter Mittags administrative, unwissenschaftliche Führung der Wirtschaft wußte, hatte er mein Vertrauen, und wir sind in gegenseitiger Achtung auseinandergegangen.

Zurück zur Bildung der Koalitionsregierung und zur Ausarbeitung der gemeinsamen Regierungserklärung der Koalitionsparteien. Das Politbüro der SED war mit seiner Erklärung vom 11. Oktober 1989 weit hinter den Erfordernissen der neuen Lage zurückgeblieben und hatte damit auch keine Antworten für eine längst notwendige demokratische Umwälzung gegeben. Ausgelöst wurde die Wende von den Bürgerbewegungen, und von einem bestimmten Zeitpunkt an haben die etablierten Parteien mehr oder weniger konstruktiv an der Gestaltung dieser Umwälzung mitgewirkt. In der SED gab es solche

Bestrebungen an der Basis, so auch im Edelstahlwerk Freital im Bezirk Dresden. Dort wurde in einer öffentlichen Beratung von Gewerkschafts- und SED-Mitgliedern im November eine Konzeption für die demokratische Gestaltung des Sozialismus in heftigem Streit diskutiert, die bereits weit über die Erklärung der SED-Führung vom Oktober hinausging. Die Versammlung stimmte meinen konzeptionellen Überlegungen zu und erteilte mir den Auftrag, auf der November-Tagung des ZK der SED diese Reformkonzeption zu vertreten. Die Unterstützung der Stahlwerker war für mich sehr wichtig.

Alle Parteien hatten im Oktober eigene Positionspapiere für eine Umgestaltung der DDR als sozialistischer Staat ausgearbeitet. Sie gingen darin im wesentlichen über die Positionen der SED-Führung hinaus, erkannten die Forderungen der Bürgerbewegungen schon klarer und formulierten die Interessen der Mittelschichten und Bauern viel eindeutiger. Das zeigte sich auch in der Debatte der Volkskammertagung vom 13. November. Der Sprecher der SED, Werner Jarowinsky, blieb – was Analyse der Lage und Konzeption für notwendige Veränderungen anbelangte – hinter den Rednern aus den anderen Fraktionen zurück. Die Sprecher der Parteien und Massenorganisationen machten bereits auf dieser Tagung ihre Ansprüche an eine neue Regierung deutlich. Sie setzten sich für eine wirklich demokratisch arbeitende Volkskammer ein und forderten, daß die Regierung unter strikte Kontrolle des Parlaments gestellt werde.

In den Tagen zwischen meiner Wahl zum Ministerpräsidenten und der Bestätigung meines Kabinetts am 17. November befand ich mich in einer eigenartigen Situation. Da die Verfassung der DDR festlegte, daß der scheidende Ministerpräsident bis zur Bildung einer neuen Regierung die Amtsgeschäfte führt, bestand Stoph mit Entschiedenheit darauf, daß ich sein Amtszimmer nicht betreten und keine Initiativen zur Sicherung der Stabilität im Lande ergreifen dürfe, die Regierungsangelegenheit seien. Und das war gerade in jenen Tagen so dringend notwendig. Eine Arbeitsbesprechung, die ich am

14. November mit Ministern zur Sicherung der Wirtschaft und der Versorgung der Bürger durchführte, bezeichnete Stoph als Verfassungsbruch. Während er selbst überhaupt nichts tat und auch nicht mehr ins Amt kam, sollte das Land in dieser stürmischen Phase seinem Schicksal überlassen bleiben. Sein »sozialistisches Denken« in preußischen Kategorien und sein großer Realitätsverlust wurden besonders in diesen Tagen offenkundig.

So blieb mir nur übrig, im Berliner Hotel »An der Spree« mein Quartier aufzuschlagen, um die Regierungserklärung auszuarbeiten. Drei Probleme mußten dazu angepackt und bewältigt werden: Zunächst mußte ich meine eigene Konzeption entwerfen, mir erst selbst Klarheit verschaffen über Anspruch, Rahmen und Zielstellungen, um dann mit anderen beraten zu können. Auch wenn nach einer solchen Beratung vieles an meinem Konzept zu ändern war, es war für mich der Ausgangspunkt, an dem ich die Meinungen der anderen messen, verstehen und natürlich auch akzeptieren konnte, denn ich war im Meinungsstreit stets offen.

Dann ging es um den Kreis von Mitarbeitern und Diskussionspartnern für den Entwurf. Meine Überlegungen bewegten sich in vier Richtungen. Einmal sollten Wissenschaftler mitwirken, die in der Lage waren, Reformgedanken für Wirtschaft, Staat und Außenpolitik, vor allem zur Gestaltung der Beziehungen mit der BRD, einzubringen. Eine besonders konstruktive Arbeit haben dabei die Gruppen der Humboldt-Universität um Dieter Klein und der Hochschule für Ökonomie in Karlshorst um Christa Luft sowie Experten aus dem Außenministerium geleistet. Schließlich ging es um einen Kreis ehemaliger Minister, von denen ich wußte, daß sie über Sachkompetenz verfügten und seit einiger Zeit in Widerspruch zur praktizierten Linie und Arbeitsweise der Regierung Stoph standen. Zu ihnen gehörten: Bauminister Wolfgang Junker, ein guter Freund, dessen Leben so tragisch zu Ende gegangen ist; er hatte sich bei verschiedenen Kritiken und Angriffen der Zentrale gegen mich während meiner Dresdner Zeit oft an meine Seite gestellt; Gerhard Beil, der die Außenwirtschaft hervorragend kannte, aber auch die Ansprüche an die Wirtschaft des eigenen Landes überblickte. Dazu gehörten auch Oskar Fischer für die Außenpolitik, Bruno Lietz für die Landwirtschaft und Hans-Joachim Hoffmann für die Fragen der Kultur.

Willi Stophs Staatssekretär Harry Möbis, den ich gerade erst kennengelernt hatte, war sofort zu einer vertrauensvollen Zusammenarbeit mit mir bereit.

Ich mußte mich schließlich noch für einen persönlichen wissenschaftlichen Mitarbeiter entscheiden, der mir auch bei der weiteren Ausübung des Amtes zur Seite stehen sollte. Aus meiner Berliner Zeit, besonders den sechziger Jahren, kannte ich Karl-Heinz Arnold aus der Redaktion der Berliner Zeitung. Wir hatten damals manchen kritischen Disput, und ich hatte ihn gerade dadurch schätzen und achten gelernt. Weil wir Vertrauen zueinander hatten und er selbst nun eine Chance sah, an dem mitzuwirken, was er schon lange für notwendig hielt, ging Karl-Heinz Arnold auf meine Bitte ein. Wir haben das beide, bei allen späteren Problemen, die wir nicht voraussehen konnten, nicht bereut. Der Stil unserer Arbeit war durch Diskussion und klare Abgrenzung der Verantwortung bestimmt. Für Doppelarbeit war keine Zeit, und der Grundsatz galt: besser zweimal, dreimal streiten und nachdenken – dann erst schreiben. Wir legten großen Wert auf die exakte Analyse der Konzeptionen der Koalitionsparteien, um vor allem Ansätze zur Reformierung und demokratischen Umgestaltung des Sozialismus und zur wirtschaftlichen Entwicklung in die Regierungserklärung aufzunehmen. An dieser Stelle darf auch ein Dank an die fleißigen, selbstlosen Mitarbeiter des technischen Bereiches des Ministerrates nicht fehlen. Ohne ihr Mittun, das bis zur Umwandlung von Hoteletagen zu Büros reichte, wären wir in diesen Tagen gescheitert.

Da ich die neue Regierung im wahrsten Sinne des Wortes als Regierung der großen Koalition verstand, habe ich sofort mit dem alten Prinzip – erst Vorlage in der SED-Führung und dann Zustimmung durch die Blockparteien — gebrochen. Das war ein wichtiger Schritt zur Verwirklichung meiner Absicht, als Ministerpräsident nicht einer Partei, sondern dem ganzen Volk zu dienen. Der erste reife Entwurf der Regierungserklärung wurde allen Koalitionspartnern gleichzeitig zur Prüfung und Stellungnahme übergeben. Am 15. November wurde er dann in einer Koalitionsberatung gründlich diskutiert. Alle Änderungsvorschläge, über die ein Konsens der Parteien erreicht wurde, sind in den Entwurf eingearbeitet worden. Meine Regierungserklärung, die ich am 17. November in der Volkskammer abgegeben habe, wurde von allen fünf Parteien auch bei kritischer Diskussion im Plenum mitgetragen. Sie war auf eine demokratische Umgestaltung des Sozialismus und den Fortbestand der DDR, bei Neugestaltung ihrer Beziehungen zur BRD, gerichtet.

Auch wenn es zu dieser Zeit den Runden Tisch noch nicht gab, so waren wir schon bemüht, die für uns erkennbaren Ideen von Bürgerbewegungen aufzunehmen und zu berücksichtigen. Schwerpunkte waren Forderungen und Erklärungen der machtvollen Kundgebung am 4. November in Berlin.

Die damalige gemeinsame Position der Koalitionsparteien verdeutlicht ein Zitat aus der Regierungserklärung: »Die demokratische Erneuerung, ein vielgestaltiger, auch widersprüchlicher und zorniger Prozeß, ist von Hunderttausenden im Volk begonnen worden, die wahrhaftig aus sich heraus und auf die Straße gegangen sind. Der Wille zur Erneuerung der sozialistischen Gesellschaft und ihres Staates hat Millionen Bürger erfaßt und ist so zur politischen Gewalt geworden. Politische Parteien und gesellschaftliche Gruppen sind selbstbewußt hervorgetreten. Dem Volke der DDR, das einen guten Sozialismus will, wird diese Regierung verpflichtet sein.«

Regierung und Volkskammer waren zu grundlegenden Reformen entschlossen. Schon am 13. November hatte die Volkskammer eine Kommission zur Untersuchung von Amts- und Machtmißbrauch eingesetzt, die meine Regierung — entgegen anderen Behauptungen — voll unterstützte.

Ansätze zu einer Wirtschaftsreform

Bei der Übernahme der Regierung mußten wir uns zuerst einmal einen genauen Überblick über die wirtschaftliche Lage des Landes verschaffen. Denn eine exakte Analyse lag von der Regierung Stoph nicht vor. Die genaue Kenntnis der Situation war die Voraussetzung, um den richtigen Ansatz für die geplante Wirtschaftsreform zu finden.

Die Analyse fiel kritisch aus. Sie war aber nicht von der Absicht bestimmt, uns damit von vornherein von der Verantwortung für zu erwartende wirtschaftliche Probleme freizusprechen. Unsere Überlegungen waren zunächst darauf gerichtet, Sofortmaßnahmen zu beschließen, um wirtschaftliche Stabilität im Interesse der Versorgung der Bürgerinnen und Bürger zu bewahren, besonders auch im Hinblick auf den bevorstehenden Winter.

Gleichzeitig brauchte unser Reformansatz eine solide Ausgangslage, denn wir wollten über einen Zeitraum von etwa drei bis vier Jahren tiefgreifende Veränderungen erreichen. Dabei beachteten wir die Situation in der UdSSR, in Polen und Ungarn, in denen Reformen ausgelöst worden waren, aber die wirtschaftliche Situation sich ständig verschlechterte.

Die Wirtschaftsreform wurde bereits im Ansatz mit der Gesamtkonzeption des Regierungsprogramms verbunden. Sie war im Rahmen einer Vertragsgemeinschaft mit der BRD, wie ich sie in meiner Regierungserklärung am 17. November vorschlug und über die wir uns mit Bundeskanzler Kohl in Dresden einigten, auch auf die Gestaltung einer völlig neuen Wirtschaftspartnerschaft gerichtet. Übrigens gab Bundeskanzler Helmut Kohl in seinem Glückwunschtelegramm zu meiner Wahl zum Vorsitzenden des Ministerrates mit den Worten: »Ich möchte bei dieser Gelegenheit die Bereitschaft der Bundesregierung wiederholen, einen Weg des tiefgreifenden Wandels und grundlegender Reformen unsererseits zu unterstützen«, ein grundsätzliches Versprechen ab, das niemals eingelöst wurde.

Bei unserer ökonomischen Analyse beschönigten wir nichts,

entzogen uns aber auch nicht durch später üblich gewordene Globalwertungen, daß die Wirtschaft der DDR völlig marode sei, den Boden für volkswirtschaftliche Wirksamkeit. Wesentliche Kritikpunkte waren für uns die entstellte und zum Teil verfälschte Wirtschaftsbilanz, die fehlende Wettbewerbsfähigkeit der Betriebe, eine gewerkschaftliche Mitbestimmung ohne demokratischen Charakter, eine willkürliche Investionspolitik, die ständig zur Vertiefung von Disproportionen in der Volkswirtschaft führte und den wissenschaftlich-technischen Fortschritt nicht voranbrachte, das Zurückbleiben der Produktionsleistungen und der Einnahmen des Staatshaushaltes besonders seit 1986, die Gestaltung einer Sozialpolitik auf der Grundlage staatlicher Verschuldung bei ständig wachsenden Subventionen, die der Volkswirtschaft mehr und mehr die Effizienz nahm und damit zwangsläufig den so stark strapazierten Kreislauf der »Einheit von Wirtschafts- und Sozialpolitik« entscheidend stören mußte. Scharf verurteilten wir, daß den Volksvertretungen und der Öffentlichkeit die Wahrheit vorenthalten und bestenfalls Halbwahrheiten serviert worden waren. Der zentralisierten Kommandowirtschaft wurde der entschlossene Kampf angesagt.

Dagegen hatte ich im Rahmen der sehr eingeschränkten Möglichkeiten schon vor der Wende versucht, wirksam zu werden. Auf der 7. Tagung des ZK der SED vom Dezember 1988 setzte ich mich für Veränderungen der völlig falschen Preispolitik und der nicht mehr tragbaren Subventionen ein. Das zweite Problem, das ich damals angesprochen habe, betraf die Wirtschaftlichkeit der Betriebe und die Neubestimmung der Beziehungen zwischen Produzenten und Produktion: »Eigenerwirtschaftung verlangt mehr Raum für Eigenverantwortung, weniger Kennziffern und Vorgaben, volkswirtschaftlich durchgängigen Spielraum für die Verwendung des Erwirtschafteten, ein größeres Maß an Sich-verantwortlich-Fühlen vom Generaldirektor bis zum Brigadier und in das letzte Kollektiv.«

Es wäre falsch anzunehmen, daß meine Kritik überhört worden wäre. Ein Großeinsatz von Kontrolleuren in Dresden unter Leitung von Günter Mittag im Februar 1989 diente unter anderem auch der Abrechnung mit solchen Auffassungen, die gegen die Linie der Parteiführung gerichtet waren.

Heute wird immer wieder die Frage gestellt, ob unser Wirtschaftsreformkonzept eine reelle Chance gehabt hätte. Häufig wird unser Konzept einer sozial und ökologisch verträglichen Marktwirtschaft als ökonomische Unmöglichkeit kritisiert und attackiert. Aber so einfach sollten es sich die westdeutschen Kritiker nicht machen. Schließlich unterstützen sie doch den Versuch einer sozial und ökologisch verträglichen Marktwirtschaft im Zeichen der Perestroika in der Sowjetunion. Oder gibt man das nur vor? Wenn Bundeskanzler Kohl zur Hilfe für Gorbatschow aufruft, dann sollte man annehmen, daß dieser Appell sowohl der Politik des neuen Denkens und der globalen Friedenserhaltung als auch dem Streben Gorbatschows gilt, in der Sowjetunion eine Marktwirtschaft, die mit Elementen des demokratischen Sozialismus verbunden ist, einzuführen. Den Grad der Vertrauenswürdigkeit einer solchen Politik der Bonner Regierung möchte ich nicht weiter kommentieren.

Unsere Konzeption für die DDR-Wirtschaft nach der Wende sah als erste Etappe ein Programm zur Stabilisierung der Volkswirtschaft vor, das einige Jahre in Anspruch nehmen würde. Das administrative Kommandosystem sollte in ein demokratisches, rechtsstaatliches System umgewandelt werden, das auf der Selbständigkeit und den Initiativen der Wirtschaftseinheiten und Kommunen beruht.

Da die Zeit drängte, verabschiedeten wir am 14. Dezember 1989 in der Regierung ein auf vier Schwerpunkten beruhendes Stabilisierungsprogramm der Wirtschaft. Es ging um
- die Stabilisierung der materiellen Produktion, insbesondere der Zulieferindustrie,
- die Stabilisierung des Binnenmarktes,
- die Stabilisierung des Geld-, Finanz- und Kreditwesens sowie der Währung,

– die Stabilisierung der außenwirtschaftlichen Beziehungen.
Die Stabilisierungsschritte sollten in Verbindung mit der Wirtschaftsreform realisiert werden. Da unserer Regierung nur wenig Zeit und – wie sich bald zeigen sollte – auch keine Chance für eine Wirtschaftsreform blieb, haben diese Maßnahmen nur relativ geringe Wirkungen erreicht.

Immerhin setzte im Februar/März 1990 eine leichte Erholung der Industrie und Bauproduktion ein, und die Grundversorgung der Bevölkerung konnte aus eigener Kraft, bei offenen Grenzen und steigenden Abkäufen durch Bürger der BRD und West-Berlins mit für die DDR ungünstigem Wechselkurs gesichert werden.

Diese Entwicklung hat sich im weiteren Verlauf des Jahres 1990 nicht fortgesetzt. Während der wirtschaftliche Rückgang im I. Quartal 90 etwa 4,5 Prozent betrug, waren es nach der Währungsunion schon über 45 Prozent. Da das DDR-Gebiet zum Marktbereich der BRD-Wirtschaft wurde, gab es hier wachsende Absatzmöglichkeiten und steigende Profite.

Die Ansätze einer Wirtschaftsreform konnten auch deshalb nicht realisiert werden, weil sich der Übersiedlerstrom fortsetzte und durch die Bundesregierung trotz Wegfalls seiner politischen Gründe bis zur Währungsunion weiter gefördert wurde. Außerdem fehlte die Bereitschaft der Bundesregierung, mit meiner Regierung substantielle Fragen im Interesse der DDR-Bürgerinnen und -Bürger zu verhandeln und mit einer bestimmten Anschubfinanzierung zu helfen. In der DDR selbst bewirkte die Haltung der Bundesregierung, daß ein immer größerer Teil der Bevölkerung die rasche Herstellung der Einheit forderte.

Reform des politischen Systems

Unser Regierungsprogramm war auch auf eine Reform des politischen Systems gerichtet. Wir hatten dazu klare Vorstellungen, die ich in der Regierungserklärung am 17. 11. 89 mit folgenden Worten umriß: »Der Erneuerungsprozeß der sozialistischen Gesellschaft verlangt die Reform des politischen Systems. Darin sind sich Parteien, Massenorganisationen, Kirchen und neue Bürgerinitiativen einig. Grundanliegen ist eine neue sozialistische Gesellschaft, in der die Bürger ihre Hoffnungen und ihre Selbstbestimmung verwirklichen können. Sie erwarten mit Recht, daß der sozialistische Staat sie nicht verwaltet, sondern ihnen dient. Dieser Staat muß die sich vollziehenden demokratischen Umwälzungen fördern und zugleich das friedliche Zusammenleben und die ungestörte Arbeit sowie die Rechte und Würde der Bürger schützen.« Von dieser Haltung hat sich die Regierung stets leiten lassen.

Die Besetzung des Ministeramtes für das Justizwesen war mit einigen Problemen und Schwierigkeiten innerhalb der LDPD, die entsprechend der Vereinbarung zwischen den Koalitionsparteien den Justizminister zu stellen hatte, verbunden. Zunächst wurde auf Wunsch der LDPD Kontinuität gewahrt, d. h. Hans-Joachim Heusinger, bereits Mitglied der Stoph-Regierung, verblieb im Amt des Justizministers. Innerhalb seiner Partei erhoben sich jedoch bald Proteste gegen diese Entscheidung. So wurde von der LDPD Kurt Wünsche vorgeschlagen, der die erforderliche Zustimmung in seiner Partei erhielt. In der Regierung war seine Sachkompetenz spürbar, ebenso seine Loyalität bei der Schaffung einer neuen demokratischen Rechtsordnung. Die später gegen Kurt Wünsche gerichteten Angriffe zeugten von mangelnder Toleranz im Prozeß der Erneuerung und der demokratischen Umwälzung.

Mehrere Gesetze wurden der Volkskammer vorgelegt, die eine Veränderung der Verfassung erforderlich machten. Das galt besonders für alle Gesetze, die der demokratischen Umwälzung Raum schaffen sollten, wie das Wahlgesetz, das Parteiengesetz, das Gesetz zur Bildung von Vereinigungen und der zeitweilig sehr umstrittene Beschluß über die Gewährleistung der Meinungs-, Informations- und Medienfreiheit.

Wichtig für die Bürger war besonders das Reisegesetz. Vorher halbherzig ausgearbeitet und kopflos wirksam gemacht, mußte nun ein den rechtsstaatlichen Prinzipien entsprechendes Gesetz vorgelegt werden. Dabei war klar, daß die dafür notwendigen finanziellen Bedingungen nur gemeinsam mit der BRD zu regeln waren, was dann auch erfolgte.

Ein sehr weites Feld war die Gesetzgebung zu Problemen der Wirtschaft. Das Gewerbegesetz beinhaltete wichtige Schritte zur Förderung von Gewerbe und Handwerk. Der so oft geforderte Freiraum für diesen Bereich wirtschaftlicher Entwicklung wurde in demokratischer Zusammenarbeit mit Vertretern von Handwerk und Gewerbe geschaffen. Die für die Rechtsstaatlichkeit so wichtige Tätigkeit von Rechtsanwälten wurde gleichfalls geklärt. Dieses Gesetz war ein wichtiger Schritt für die Zukunft. Die vielen Halbheiten im Vereinigungsvertrag der beiden deutschen Staaten geben keiner zweiten Berufsgruppe eine so große Chance, tätig zu sein.

Es wurde auch an zwei wichtigen Gesetzen gearbeitet, die zwar noch während meiner Regierung behandelt wurden, aber doch erst nach dem 18. März in der Volkskammer zur Entscheidung kamen. Das 6. Strafrechtsänderungsgesetz sollte besonders alle politischen Tatbestände aus dem Strafrecht beseitigen. In der Folge der Strafrechtsänderung wurde auch ein Gesetz zur Rehabilitierung aus politischen Gründen strafrechtlich verurteilter Personen erforderlich, das ebenfalls in unserer Regierung erarbeitet wurde. Manche Federn an den Hüten anderer haben ihren Ursprung in der Arbeit, die von meiner »Übergangsregierung« geleistet worden ist.

Später wurde durch die Medien der Vorwurf wegen »Verschiebung von Häusern« erhoben. In Wirklichkeit ging der Verkauf von Häusern auf ein Gesetz aus dem Jahre 1972 zurück, auf dessen Grundlage vor unserer Amtszeit etwa 20 000 Häuser vom Staat an Privatpersonen verkauft worden waren. 62 Häuser, nicht mehr und nicht weniger, die durch eine Dienststelle des Ministerrates verwaltet wurden, sind in meiner Regierungszeit verkauft worden. Bei späteren Überprüfungen, die im Juni 1990 erfolgten, wurden davon zwei Verkäufe angezweifelt, alle anderen Verträge blieben als rechtens bestehen. Später hat Günter Krause, Staatssekretär in der

Regierung de Maizière, auf der Grundlage dieses Gesetzes auch ein Haus gekauft.

Einen wichtigen Platz in der Regierungspolitik nahmen das Bildungswesen und die Kulturpolitik ein. Ein neues Bildungsgesetz sollte geschaffen werden, um die bestehende Reglementierung der Schulen konsequent zu beseitigen. Auch eine Reform des Hochschulwesens wurde sofort in Angriff genommen. Die staatsbürgerliche Bildung sollte künftig für politisch-weltanschauliche und religiöse Strömungen gleichermaßen annehmbar sein. Trotz der Kürze der Zeit wurden wichtige Maßnahmen zur Demokratisierung in Schulen und Hochschulen eingeleitet.

In der Kulturpolitik gingen wir von dem Grundsatz aus: »Die Kunstpolitik einer Regierung schafft keine Kunst. Sie muß Kunst fördern durch Bedingungen, die ihre freie und ungehinderte Entfaltung ermöglichen.« Nach den Jahren vieler Restriktionen und der Zensur auf dem Gebiet der Kultur war das ein hoher Anspruch und gleichzeitig – wie uns bescheinigt wurde – ein mutiger Schritt. Im Dezember kam es zu einer Begegnung des Kulturministers mit Wolf Biermann, womit mehr als ein Zeichen gesetzt wurde.

Am 26. Februar gab die Regierung dem Runden Tisch einen Bericht über Grundfragen der Kulturpolitik. Es war ein bedeutsamer Schritt zur Vorbereitung der 18. Tagung der Volkskammer am 7. März. Zu den letzten, aber wichtigen Entscheidungen dieser Tagung gehört der Beschluß über »Staatliche Pflichten zum Schutz und zur Förderung von Kultur und Kunst.« Der Abgeordnete Gero Hammer hat als Berichterstatter des Ausschusses für Kultur die Kommunen schon damals aufgefordert, auch bei zunehmender Eigenverantwortung das geistig-kulturelle Leben nicht preiszugeben. Heute gibt es in den neuen Bundesländern keinen Schutz mehr für die Kultur. Museen kämpfen um ihre weitere Existenz, Theater müssen sich einschränken, Verlage sehen keine Überlebenschance, Schriftsteller und Künstler haben es schwer, ihre Existenzgrundlage zu sichern.

Die Regierungserklärung ging noch von einer klaren Absage an die Wiedervereinigung aus. Sie enthielt den Vorschlag einer Vertragsgemeinschaft beider deutscher Staaten, die weit über den Grundlagenvertrag und die abgeschlossenen Verträge und Abkommen hinausreichen sollte. Mit diesem Angebot wollten wir auch einen Beitrag zur Gestaltung des europäischen Hauses leisten. Was damals auch über die Grenzen der DDR und der BRD hinaus als weitgehendes Angebot gewertet wurde, ist dann schon bald vom Gang der Ereignisse überholt worden.

Unsere Regierungserklärung schloß mit der Feststellung: »Diese Regierung wird eine Regierung des Volkes und der Arbeit sein. Sie ist eine Regierung des Friedens und des Sozialismus. Das Vertrauen des Volkes zu erwerben und zu rechtfertigen, betrachten wir als grundlegenden Auftrag.«

Gearbeitet haben wir wirklich viel; das Vertrauen des Volkes hat uns zeitweilig begleitet, aber der Weg wurde viel schwerer, als wir bei der Bildung der Regierung gedacht hatten. Die von allen Mitgliedern der Koalition und großen Teilen der Bürgerrechtsbewegungen getragene Idee, die Perestroika − wenn auch infolge der blockierenden Haltung Honeckers sehr verspätet − in der DDR zu verwirklichen, ließ sich nicht mehr realisieren.

Gleichberechtigte Zusammenarbeit der Koalitionsparteien
Von Anfang an war ich darum bemüht, eine wirklich gleichberechtigte Zusammenarbeit zwischen den Koalitionsparteien herbeizuführen. Die führende Rolle der Partei gab es nicht mehr. An diesem Prinzip hielt ich fest. Wir trafen uns auf meine Einladung regelmäßig.

Das Bedürfnis und die Notwendigkeit für diese Beratungen ergaben sich aus der politischen Lage und auch aus der kollegialen Verbundenheit, die sich trotz mitunter recht gegensätzlicher Diskussion herausbildete. Die ständige Teilnahme der Vorsitzenden der Parteien unterstrich die Bedeutung der Zusammenkünfte.

Einige dieser Treffen, die bis Mitte Januar stattfanden, haben einen besonderen Stellenwert. Als der zentrale Runde Tisch seine Arbeit aufnahm, wurden die sogenannten etablierten Parteien als eine eigene Gruppe betrachtet, während sich die Bürgerbewegungen und die SPD als Opposition sahen. Aus dieser Situation heraus führten wir unsere Absprachen für das Auftreten und Mitwirken der Koalitionsregierung am Runden Tisch. Diese Beratungen haben dazu beigetragen, die Regierung für den Runden Tisch zu qualifizieren und dort Fragen von grundsätzlicher Bedeutung zur Diskussion anzubieten. In diesem Sinne kamen wir zu einer gewissen Koordinierung der etablierten Parteien am Runden Tisch. Das reichte jedoch nicht bis zu Absprachen über das Auftreten der Vertreter der Koalitionsparteien. Es war nicht meine Absicht, darauf Einfluß zu nehmen. Mir kam es darauf an, die Regierbarkeit des Landes zu bewahren, ein Chaos zu verhindern und der demokratischen Erneuerung Raum zu geben bzw. sie auch durch Maßnahmen der Regierung aktiv mitzugestalten.

Diesem Ziel diente auch eine Klausurberatung Ende Dezember. Während eines ganzen Tages wurden die verschiedenen Varianten eines Wahlgesetzes auf der Grundlage von Vorträgen verschiedener Experten erörtert. Auch ein Projekt für ein Parteiengesetz und dafür notwendige Verfassungsänderungen standen zur Diskussion. Die bei unseren Beratungen gewonnenen Erkenntnisse haben den Parteien und der Regierung geholfen, die Arbeit am Runden Tisch und in der Volkskammer zu koordinieren und konstruktiv zu gestalten und damit deren Wirksamkeit zu erhöhen.

Auch das internationale Wirken der Regierung hatte seinen Platz in solchen Beratungen. So informierte ich über die Moskauer Tagung des Politischen Beratenden Ausschusses der Warschauer Vertragsstaaten, die nach dem Treffen Michail Gorbatschows mit George Bush Ende 1989 stattgefunden hatte. An der Moskauer Tagung hatte Egon Krenz noch als Vorsitzender des Staatsrates teilgenommen. Schon am nächsten Tag mußte er angesichts der massiven Forderungen vieler Menschen in unserem Land seinen Rücktritt erklären.

Aus der Moskauer Beratung zogen wir den Schluß, daß das Verhältnis zwischen den beiden deutschen Staaten noch stärker in den europäischen Friedensprozeß eingebettet und die Möglichkeiten der DDR, sich für ein friedliches Zusammenleben in Europa einzusetzen, voll genutzt werden mußten.

Eine andere wichtige internationale Beratung während meiner Amtszeit war die letzte Arbeitstagung des Rates für Gegenseitige Wirtschaftshilfe in Sofia am 9. und 10. Januar 1990. Wir waren uns in der Koalition darin einig, eine grundlegende Reform des RGW zu fordern, aber für sein weiteres Bestehen einzutreten. Entsprechend bin ich auf der Tagung aufgetreten. Ich schlug vor, daß Christa Luft in einer Arbeitsgruppe zur Ausarbeitung eines Reformkonzeptes mitwirken sollte. Allgemein tendierte man auf der Tagung zur Marktwirtschaft und zum raschen Übergang zur freikonvertierbaren Währung im gegenseitigen Handel. Spürbar war außerdem eine Entsolidarisierung mit Kuba, Laos und der Mongolei sowie mit den afrikanischen Staaten. Die sowjetische Delegation unter Leitung des Vorsitzenden des Ministerrates Ryshkow schien sehr unter innenpolitischem Druck zu verhandeln und forderte besonders für Rohstofflieferungen der UdSSR harte Währung.

Das bedeutete für uns, daß wir vor allem im Maschinenbau der DDR die Konkurrenzfähigkeit verbessern mußten, um diese Erzeugnisse wie harte Währung auf dem sowjetischen Markt einsetzen zu können. Die Möglichkeit, aus Exporten in westliche Länder Valuta für den Handel im RGW-Bereich zu erwirtschaften, sahen wir nicht. Die Verschuldung der DDR lag bei etwa 20 Mrd. Mark und forderte schon seit Jahren einen hohen Zinsendienst. Es wäre interessant zu untersuchen, in welchem Umfang die hohe Verschuldung der osteuropäischen Staaten zu deren Wirtschaftskrise beigetragen hat und wieviel die westlichen Kreditgeberländer daran verdient haben.

Eine wichtige Wirtschaftsberatung

Den wohl größten Platz in der Tätigkeit der Regierung nahmen die Probleme der Wirtschaft, der Versorgung der Bevölkerung und der sozialen Absicherung der Bürger ein. Die Regierung berief für den 9. Dezember 1989 eine Arbeitsberatung mit den Generaldirektoren der zentralgeleiteten Kombinate und Außenhandelsbetriebe, den Vorsitzenden der Bezirkswirtschaftsräte und den Bezirksbaudirektoren ein. Wir wollten einen Meinungsaustausch über die Stabilisierung der Volkswirtschaft und über nächste Schritte der Wirtschaftsreform führen. Auf der Beratung, die durch große Offenheit geprägt war, gab es vor allem Kritik an der damals noch bestehenden Plankommission. Ihr Abbau erfolgte viel zu langsam. Noch immer legte sie die Plandaten der Betriebe fest und traf wichtige Bilanzentscheidungen. Im Außenhandel boten wir schnelle Schritte zur wesentlichen Einschränkung des staatlichen Außenhandelsmonopols an, die Kombinate erhielten Eigenständigkeit auf diesem Gebiet. Die hohe Verschuldung des Landes machte aber noch immer erhebliche Valutaabführungen der Kombinate erforderlich, um die Zahlungsfähigkeit zu gewährleisten. Die Wirtschaftsräte der Bezirke sprachen sich nachdrücklich für ein rascheres Tempo bei der Realisierung von Reformen aus. Dazu gehörte es auch, den bezirklichen Kombinaten mehr Spielraum für Entscheidungen bis hin zu bestimmten Entflechtungen zu gewähren. Wichtig war in dieser Situation die Bereitschaft der Wirtschaftsleiter, Verantwortung zu tragen, sich auf die dringlichsten Probleme der Stabilisierung der Wirtschaft zu konzentrieren und bei allen Schwierigkeiten den Plan zunächst für das I. Quartal zu erfüllen, um dann den Jahresplan 1990 etwa im April der Volkskammer vorzulegen. Die erste Aufgabe haben wir noch bewältigt. Ein Plan für 1990 ist nach den Wahlen am 18. März weder für die Volkswirtschaft noch für den staatlichen Haushalt der Volkskammer vorgelegt worden.

Diese Tagung vom Dezember 1989 nimmt einen besonderen Platz in unseren gemeinsamen Bemühungen um die Stabilisierung des Landes ein. Sie hat mitgeholfen, einen Zusammenbruch der Wirtschaft mit steigender Arbeitslosigkeit und schlimmen sozialen Folgen zu verhindern. Wenn im Herbst 1990 immer wieder die Frage nach den »Seilschaften« in der Wirtschaft gestellt und mir der Vorwurf gemacht wurde, sie besonders intensiv geknüpft zu haben, bleibt mir nur die Gegenfrage, was wohl geworden wäre, wenn im I. Quartal 1990 alle Generaldirektoren der Kombinate und alle Betriebsleiter entlassen worden wären? Die Antwort kann nur sein, daß es ein wirtschaftliches Chaos gegeben hätte.

Der Sanierung und Stabilisierung der Betriebe galt auch die Bildung der Treuhandanstalt, die noch auf Beschluß meiner Regierung vor den Märzwahlen erfolgte. Die damalige Aufgabenstellung der Treuhand unterschied sich natürlich erheblich von ihrem späteren Wirken. Nach den Vorstellungen meines Kabinetts – es war nach Aufnahme von Vertretern der Opposition schon die Regierung der Nationalen Verantwortung – sollten die volkseigenen Kombinate und Betriebe in Aktiengesellschaften und GmbHs umgewandelt werden. Minister Dr. Wolfgang Ullmann brachte den Vorschlag ein, Volksaktien zu schaffen, um einzelne Bürger an diesem Eigentum zu beteiligen. Eine gute Idee, auf deren Realisierung allerdings – wie Herr Rohwedder, später Präsident der Treuhand, im Sommer 1990 in der Volkskammer erklärte – man vergeblich warten würde. In seiner Tätigkeit als Chef der Treuhand ging er auch sehr bald von der Politik der Stabilisierung und Sanierung der Betriebe ab und konzentrierte alles auf deren Privatisierung.

Ständig im Blick: die Versorgung der Bevölkerung

Versorgungsfragen im weitesten Sinne haben uns in der Regierung ständig beschäftigt. Bei offener Grenze, hoher Subventionierung und für die DDR ungünstigem Umtauschkurs gab es einen sehr starken Druck auf unsere Waren. Zeitweilig wurde deshalb das Vorzeigen des DDR-Personalausweises beim Einkauf angeordnet. Besonders wirksam war diese Maßnahme nicht, lediglich gegenüber polnischen Bürgern griff sie, was uns Proteste unserer östlichen Nachbarn einbrachte. Wir forderten außerdem Bundeskanzler Kohl auf, durch einen Solidarbeitrag einen Teil dieser Lasten mitzutragen. Dem wurde nicht entsprochen. So setzten wir vor Weihnachten 1989 zusätzliche Valutafonds ein, um den Warenimport zu verstärken. Dabei konnten wir Mittel nutzen, die bei der Einordnung des Bereiches Kommerzielle Koordinierung von Schalck-Golodkowski in die Verantwortung des Ministeriums für Außenhandel aufgedeckt worden waren. Wie kompliziert die Dinge auch waren, es ist dem Fleiß der Bürgerinnen und Bürger und wohl auch der besonnenen Arbeit der Regierung zu verdanken, daß die Versorgung gesichert und damit ein wichtiger Beitrag zur Stabilität im Lande geleistet wurde.

Am 20. Dezember besuchte ich gemeinsam mit Kurt Singhuber im Raum Lübbenau ein Kraftwerk und den Kohletagebau, um mit den Berg- und Energiearbeitern über die Energie- und Wärmeversorgung zu beraten. Ihre Hauptsorge war der Mangel an Ersatzteilen für die Geräte. Manches konnten wir verbessern, aber viele Probleme blieben offen. Die Regierung begann in dieser Zeit bereits, in komplexer Weise ein Programm der Reduzierung des Braunkohleabbaus zu erarbeiten. Als erste Stufe wollten wir die Produktion von Braunkohle von ca. 320 Mio Tonnen auf etwa 280 Mio Tonnen verringern.

Unsere besondere Aufmerksamkeit galt der Frage, wie die Subventionen für Lebensmittel, Dienstleistungen und Mieten abgebaut werden konnten. Das war ein Problem, das ich schon lange vor der Wende als ein Hemmnis für die wirtschaftliche Entwicklung betrachtet habe. Je mehr wir uns in der Regierung damit beschäftigten, um so klarer wurde uns, welche Herausforderung damit verbunden war. Unser Grundsatz war – darin stimmten wir auch mit dem Runden Tisch überein – die Subventionierung der Waren zugunsten personenbezogener Subventionierung aufzuheben, d. h. die Einkommen der Bürger zu erhöhen. Konkret haben wir damit im Februar begonnen, und zwar bei Kinderbekleidung, einem sehr sensiblen Bereich, der stark subventioniert war. Zum Ausgleich erhöhten wir das Kindergeld um 120 Mark. Die Maßnahme fand breite Zustimmung, wenn auch die kritische Frage nicht zu überhören war, warum wir ausgerechnet bei Kinderbekleidung damit anfingen.

Die nächsten Schritte haben wir nicht mehr verwirklichen können. Der Termin der Wahlen im März und eine Rede am Runden Tisch, in der von einem Vertreter des Neuen Forum die sofortige Aufhebung der Subventionen gefordert wurde, was leider nicht mit der Regierung abgestimmt war, machten es uns praktisch unmöglich, hier weiter voranzukommen. Die Folgen der Äußerungen am Runden Tisch waren verheerend. Da alles, was dort gesagt wurde, von Fernsehen und Rundfunk übertragen wurde, hatten wir nach wenigen Stunden einen wahren Sturm auf die Läden. Die Regierung mußte Sonderimporte tätigen, die Armee zum Transport von Waren einsetzen, den Handel zusätzlich unterstützen und natürlich klärend und beruhigend auf die Bevölkerung einwirken. Nach fast 14 Tagen voller Dramatik zogen dann wieder normale Verhältnisse ein.

Unter diesen Bedingungen konnten wir das Thema Subventionen zunächst nicht mehr ansprechen. Die Regierung de Maizière hat trotz Ankündigung und aller Vorbereitungen, die wir schon getroffen hatten, weitere Maßnahmen später nicht realisiert. Für die ehemaligen DDR-Bürger bedeutete das einen zusätzlichen Verlust bei der Einführung der Währungsunion.

Die soziale Lage war in verschiedenen Berufsgruppen sehr differenziert. Besondere Probleme entstanden im Gesundheitswesen und im Verkehrswesen. Während Verkehrsminister Scholz die anstehenden Lohnforderungen gemeinsam mit der Ministerin für Arbeit und Löhne, Hannelore Mensch, prüfte und Wege zur schrittweisen Lösung suchte, ging Gesundheitsminister Klaus Thielmann weniger überlegt vor. Er versuchte, die Regierung unter Druck zu setzen, und verlor dabei Vertrauen im eigenen Bereich.

In der kurzen Amtszeit dieser Regierung wurden nicht nur mehr Lohnfragen als sonst in einem Fünfjahrplanzeitraum geklärt, sondern es wurden auch einige grundsätzliche Fragen gelöst. Die Einführung des Vorruhestands war bereits ein wichtiger Schritt, um für Hunderttausende Bürgerinnen und Bürger bei vorzeitigem Ausscheiden aus dem Berufsleben soziale Sicherheit zu gewährleisten und für junge Menschen die Chance auf einen Arbeitsplatz zu vergrößern. Die »Bild«-Zeitung schrieb zwar dazu: »Modrow läßt seine Genossen nicht verkommen«, aber hier wurden lediglich alte Feindbilder konserviert.

Für die ehemalige DDR ist diese Regelung des Vorruhestands bzw. des Altersübergangs auch im Einigungsvertrag verankert worden, allerdings wurde das Ruhestandsgeld um 5 Prozent von 70 auf 65 abgesenkt, was praktisch eine verschleierte Arbeitslosenunterstützung (63 Prozent) bedeutet. Zwar wurde die Altersgrenze für Empfänger von Altersübergangsgeld auf 57 Jahre herabgesetzt, für Frauen allerdings auf ebenfalls 57 angehoben.

Zu diesem Thema gehören auch die Vorwürfe, die im Zusammenhang mit der Entlassung der Staatssicherheitsmitarbeiter und dem an sie gezahlten Überbrückungsgeld gegen mich und meine Regierung erhoben wurden. Dabei haben wir eine erste Entscheidung, die auf der Grundlage des gültigen Arbeitsgesetzbuches der DDR getroffen worden war, korrigiert und entgegen dem gültigen Gesetz eine wesentlich kürzere Frist für die Zahlung von Überbrückungsgeld festgelegt. Das Gesetz wurde auch insofern geändert, als die frühere Gleichstellung zwischen Armee, Polizei und Staatssicherheit aufgehoben wurde. Die Zahlung von Überbrücksgeld entsprechend dem AGB diente auch dem Ziel, kein Potential in der Bevölkerung zu schaffen, das durch starken sozialen Abbau in die Ecke gedrängt und dadurch sogar zur Gefährdung der Ordnung werden könnte. Dieses Problem hat auch später bei der Auflösung des Amtes für Nationale Sicherheit im Zusammenwirken mit dem Runden Tisch immer wieder eine Rolle gespielt. So haben wir auch hier eine Entscheidung getroffen, die in Abänderung des Gesetzes den politischen Erfordernissen entsprach.

Überprüfung von Amtsmißbrauch und Korruption

Ein anderes Thema, das uns ständig begleitete, waren Amtsmißbrauch und Korruption unter der alten SED-Führung. Bereits auf der 11. Tagung der Volkskammer am 13. November wurde unter Leitung des Abgeordneten Töplitz ein entsprechender zeitweiliger Ausschuß gebildet. Der Runde Tisch forderte die Regierung später auf, dafür ebenfalls eine zeitweilige Abteilung beim Ministerrat zu schaffen, die vom Kabinett auch beschlossen wurde. Außerdem bestand eine unabhängige Kommission der Opposition, mit der es seitens unserer Abteilung Zusammenarbeit gab.

Zwei Komplexe von Rechtsverletzungen wurden aufgedeckt und der Staatsanwaltschaft übergeben. Das war der Mißbrauch der Psychiatrischen Heilanstalt in Waldheim und die sogenannte Aktion »Rose«, hinter der sich die Enteignung von Pensionen in den Ostseebädern in den fünfziger Jahren verbarg.

Weitere rund tausend Hinweise, denen nachgegangen wurde, führten jedoch in keinem Fall zu einer strafrechtlichen Verfolgung. Wie sich zeigte, wurden in dieser Phase auch viele Versuche der Verleumdung und der persönlichen Abrechnung unternommen.

Bei der Abfassung des Abschlußberichts gab es zunächst noch Auseinandersetzungen mit den Vertretern der unabhängigen Untersuchungskommission. So enthielt der Bericht eine globale Verurteilung der Ausschüsse der Nationalen Front, die ich nicht für gerechtfertigt hielt. Ich hatte zwar inzwischen sehr wohl einen kritischen Blick für viele Dinge der Vergangenheit gewonnen, aber einer globalen Verurteilung der Ausschüsse der Nationalen Front wollte und konnte ich nicht folgen. Schließlich hatten gerade hier viele tausend Bürgerinnen und Bürger, darunter nicht wenige Menschen, die keiner Partei angehörten, eine aktive Arbeit in ihren Städten, Gemeinden und Wohngebieten geleistet. So konnten wir auch diesen Teil unserer Tätigkeit zur Aufklärung von Amtsmißbrauch und Korruption in einem abschließenden Bericht erfassen und der nachfolgenden Regierung übergeben.

Eine Entscheidung der Regierung hat für mich einen besonderen Stellenwert, weil sie die Widersprüchlichkeit meiner Situation der letzten Jahre etwas widerspiegelt. Das Politbüro der SED und ihm folgend die Regierung Stoph hatten 1987 den Bau eines Reinstsiliziumwerkes bei Dresden beschlossen. Dazu hat es nie eine Abstimmung mit den örtlichen Staatsorganen gegeben. Meine Einwände gegen den Bau wurden ignoriert. Anfang 1989 forderte ich eine nochmalige Überprüfung des Standortes. Die Antwort war ein erneuter Beschluß zur Errichtung des Werkes. Diese Entscheidung hat im Bezirk Dresden starke Proteste der Bürgerinnen und Bürger ausgelöst und das Verhältnis zur Kirche auf das höchste belastet. Ich habe damals Bischof Dr. Hempel offen über die Sachlage informiert und bin ihm noch heute dankbar für sein Verständnis meiner Situation; ich selbst hatte Verständnis für die Protesthaltung der Kirche.

Zu den ersten Entscheidungen meiner Regierung gehörte der Beschluß, den Bau dieses Werkes einzustellen. Leider ist diese Entscheidung — wie übrigens auch andere vernünftige Beschlüsse des Kabinetts — in der Öffentlichkeit viel zu wenig beachtet worden.

Bald nach der Bildung der Regierung der Großen Koalition war mir klar, daß die führende Rolle der SED mit unserem Wirken aus nationaler Verantwortung nicht mehr vereinbar war. In der damaligen Fraktion der SED stellte ich daher am 1. 12. 1989 den Antrag, aus Artikel 1 der Verfassung den Passus »unter Führung der Arbeiterklasse und ihrer marxistisch-leninistischen Partei« zu streichen. Das war für mich kein formaler Akt, er sollte vielmehr Zeichen setzen für den durchgreifenden Prozeß der Demokratisierung im Land und die neue Form gleichberechtigter Zusammenarbeit in der Großen Koalition unterstreichen.

Zum KoKo-Bereich Schalck-Golodkowskis

Zu Beginn meiner Regierung hatte ich von der Rolle und Dimension des Bereiches Kommerzielle Koordinierung keine genaue Vorstellung. Alexander Schalck-Golodkowski kannte ich zwar schon seit 1969, als der 20. Jahrestag der DDR in Berlin vorbereitet wurde. Damals wurde in Treptow der Kulturpark errichtet, und der Ankauf der Fahrgeschäfte wurde über ihn abgewickelt. Aus meiner Sicht war er ein Partner des Außenhandels, mit dem eine zuverlässige und kameradschaftliche Zusammenarbeit möglich war.

In den nachfolgenden Jahren haben sich unsere Wege selten gekreuzt. Ich wußte aber, daß Alexander Schalck als Staatssekretär im Außenhandel tätig war und für viele Kombinate Importgeschäfte mit Valutakrediten tätigte. Ziel war es stets, moderne Ausrüstungen zu beschaffen, mit deren Hilfe dann auch die Rückzahlungen möglich wurden. Soweit schien sein Bereich eine sinnvolle Aufgabe zu erfüllen, und ich möchte selbst aus heutiger Sicht an dieser Seite keine Abstriche machen. Wem der Bereich KoKo unterstand, habe ich erst durch meine Tätigkeit als Ministerpräsident erfahren. Ich brauchte allerdings einige Zeit, um wirklich einen Einblick zu gewinnen. Als Staatssekretär war Alexander Schalck zu keiner Zeit dem Minister für Außenhandel − weder Horst Sölle noch später dessen Nachfolger Gerhard Beil − unterstellt. Abrechnung und Kontrolle erfolgten nicht durch das Ministerium für Finanzen, sondern in eigener Verantwortung. Anleitung und Aufträge erteilten Günter Mittag und über ihn direkt Erich Honecker.

Als Krenz die Verantwortung in Partei und Staat übernahm, gab es zunächst noch keine Veränderung. Zu dieser Zeit wurde ein Treffen zwischen Krenz und Kohl vorbereitet. Verhandlungspartner auf Seiten der DDR war Alexander Schalck im Zusammenwirken mit dem Außenministerium. Seitens der BRD liefen die Vorbereitungsgespräche über das Bundeskanzleramt. Während dieser Vorbereitungsphase stellte ich zwei Forderungen an Egon Krenz. Das Treffen mußte so vorbereitet und gestaltet werden, daß der Ministerpräsident voll einbezogen war, damit die Verantwortung künftig auf beiden Seiten – nicht nur auf der westdeutschen – bei der Regierung lag. Außerdem verlangte ich, daß der Bereich Kommerzielle Koordinierung in das Ministerium für Außenwirtschaft eingegliedert und seine Sonderstellung aufgehoben wird. Die entsprechenden Absprachen und Vereinbarungen wurden getroffen, und mit Beginn des Jahres 1990 sollte so verfahren werden.

Der Ausschuß der Volkskammer zur Überprüfung von Amtsmißbrauch und Korruption stieß bei seinen Recherchen auf Häuser, die über den KoKo-Bereich finanziert worden waren. Zur Aufklärung des Sachverhalts richtete der Ausschußvorsitzende Heinrich Töplitz entsprechende Anfragen an Alexander Schalck. Da es sich um einen Staatssekretär handelte, wurde ich zusammen mit Alexander Schalck beauftragt, schriftlich Auskunft zu geben. Nach meiner Erinnerung ist dies auch geschehen. Dabei stellte sich heraus, daß Günter Mittag die absolute Disziplin und Gefolgschaft von Alexander Schalck in hohem Maße für seine persönlichen – und bis in die Familien von Politbüromitgliedern reichenden – Interessen gebraucht und mißbraucht hatte. Die Anschuldigung betraf daher Schalck zu dieser Zeit nur mittelbar und nicht wegen persönlichen Mißbrauchs. Seine verantwortliche Position als langjähriger Verhandlungspartner der BRD wurde nicht aufgehoben, zumal die Zeit drängte und feste Termine für das Treffen mit Bundeskanzler Kohl vorlagen. Auch die bundesdeutsche Seite hatte gegen Schalck keine Einwände. Es gab von ihrer Seite keinerlei Signale, daß sie dem DDR-Verhandlungsführer nicht mehr traue. Schalck hat auch diesen letzten Verhandlungsauftrag gemäß Absprache erledigt, ist aus Bonn in der Nacht nach Berlin zurückgekehrt, hat den Bericht und die entsprechenden Unterlagen hinterlegt und hat dann die DDR wieder verlassen.

Als mich die Nachricht darüber erreichte, habe ich sofort einen Operativstab gebildet und veranlaßt, daß die Konten des KoKo-Bereiches gesperrt wurden, daß eine Übersicht über die

Finanz- und Vermögenslage erstellt und daß weitere Maßnahmen getroffen wurden, um Schaden von der DDR abzuwenden und persönliche Bereicherung zu verhindern. In einem Brief teilte mir Alexander Schalck mit, daß er Urlaub nehmen wolle, um Abstand zu gewinnen, und daß er nichts tun werde, was der DDR Schaden bringe. Der Generalstaatsanwalt erließ einen Haftbefehl und forderte später die Überstellung aus der Haftanstalt Moabit in die DDR.

In den nachfolgenden Tagen wurden für mich mit dem Fortgang der Überprüfungen und Kontrollen die Sonderstellung des Bereiches KoKo und dessen Verflechtung mit der Staatssicherheit und der SED erst sichtbar. Voll überschaubar ist der ganze Bereich hinsichtlich mancher Verzweigungen und Kontakte bis heute nicht.

Ende Dezember wurde mir berichtet, daß alle finanziellen Beziehungen des Bereichs KoKo zur SED abgebrochen seien und eine zeitweilige Verfügung über die Wahrung staatlicher Interessen aufzuheben sei, da alle Konten überprüft seien und der DDR kein Schaden mehr entstehen könne. Die von der Regierung eingesetzte Kommission zur Überprüfung des Bereichs KoKo hat im März dem Runden Tisch einen Bericht über die Ergebnisse ihrer Arbeit vorgelegt, der auch der Regierung de Maizière mit Abschluß meiner Tätigkeit übergeben wurde.

In der Phase der Übergabe der DDR an die BRD hätten alle Möglichkeiten bestanden, den ganzen KoKo-Komplex weiter zu verfolgen. Aber es geschah praktisch nichts mehr. Man ging auch nicht den Spuren nach, die vom Bereich KoKo zu den Devisengebern des SED-Regimes, zu den Partnern vieler Geschäfte und Verhandlungen in der BRD führen. Hier geht es aber um eine grundsätzliche Frage der Aufarbeitung der Geschichte. Tut man sich in der BRD deshalb so schwer, weil es sich hier nicht nur um die DDR, sondern um deutsch-deutsche Geschichte handelt? Oder hat man auch deshalb Schwierigkeiten, juristisch gegen Alexander Schalck vorzugehen, weil seine Aktivitäten im Kunst- oder Waffenhandel in der BRD zur »normalen Geschäftstätigkeit« gehören?

Gedanken zur Wende

Die Wende war kein gleichmäßiger Prozeß und schon überhaupt keine einheitliche Bewegung. Vieles von dem, was in den Wochen von Ende November bis Mitte Januar in der DDR geschehen ist, muß noch gründlich analysiert werden.

Neben den Hunderttausenden, die sich politisch aktiv engagierten, gab es Millionen, die zu Hause blieben und am Bildschirm die stürmischen Ereignisse dieser Tage verfolgten. Sie nahmen daran Anteil, bezogen für sich auch Positionen, lebten mit Hoffnungen und gingen vor allem ihrer Arbeit nach. Zwischen ihnen und den Bürgerbewegungen blieb eine Distanz. Der rasche Zerfall der SED schien die notwendige Folge der beginnenden demokratischen Umwälzung.

Als aus dem demokratischen Ruf »Wir sind das Volk« ein nationalistischer Taumel erwuchs und »Wir sind ein Volk« alles andere übertönte, meldeten sich aktive politische Kräfte dieser Zeit erneut zu Wort. »Für unser Land« hieß ihr Aufruf, der noch einmal mahnte, in der DDR eine tiefgreifende demokratische Umwälzung zu vollziehen, und klar die Alternative einer überhasteten Vereinigung mit ihren negativen Folgen gegenüberstellte. Weit über 200 000 Menschen unterschrieben den Aufruf innerhalb weniger Tage. Aber die Millionen blieben auch hier passiv.

Vielleicht war es in Zeiten großer Umbrüche immer so, daß aktiv handelnde Minderheiten die bestimmende Rolle spielten und Mehrheiten zunächst passiv blieben und erst bei Wahlen oder anderen Anlässen in Erscheinung traten. Die Initiatoren des Aufrufs »Für unser Land« fanden zwar einerseits Zustimmung, wurden aber auch diffamiert und verfolgt.

Die Gefahr einer gefährlichen Zuspitzung zeichnete sich erneut in jenen Dezembertagen ab. Es galt, Rat einzuholen, auf Ruhe und Besonnenheit hinzuwirken und den geringen Spielraum zu nutzen, um Ordnung und Stabilität im Lande zu wahren. Die Runden Tische nahmen zwar ihre Arbeit auf, waren jedoch zunächst mehr mit sich selbst als mit der Lage im Land beschäftigt. Manche Bürgerrechtler spürten in diesen

Tagen, daß die Demonstrationen ihre eigene Dynamik entwickelten und vieles nicht mehr dem entsprach, womit man begonnen hatte. Dazu kamen Morddrohungen, so auch gegen Stefan Heym und andere.

Rat holte ich mir in diesen Tagen bei einem Mann der Kirche, bei Manfred Stolpe, der für Ausgewogenheit, Dialog und vertrauensvolle Zusammenarbeit wirkte. Er half auch, als es darum ging, Bundespräsident Richard von Weizsäcker die Kompliziertheit der Lage in der DDR nahezubringen und seine Unterstützung für unsere Bemühungen um Besonnenheit und Vernunft überall im Lande zu gewinnen.

Das Zusammentreffen mit Landesbischof Dr. Werner Leich, Vorsitzender der Konferenz der Evangelischen Kirchenleitungen, und Bischof Georg Sterzinsky, Vorsitzender der Berliner Bischofskonferenz, am 13. Dezember hatte einen geradezu historischen Charakter. Nie zuvor hat ein Ministerpräsident der DDR die beiden ersten Repräsentanten der evangelischen und der katholischen Kirche in seinen Amtsräumen empfangen. Und zum ersten Mal verständigten sich Staat und Kirchen in gemeinsamer Verantwortung, alles für den friedlichen Verlauf des Weihnachtsfestes im ganzen Land zu tun. Natürlich wollten wir, daß Vernunft und Besonnenheit auch über die Festtage hinaus fortwirkten, daß Gewalt verhindert und der demokratische Wandel weiter gestaltet werden konnte. Noch heute bin ich diesen Männern der Kirche in tiefer Dankbarkeit verbunden. Sie gilt ihnen natürlich zuerst und vor allem für ihr Handeln, aber auch für Vertrauen und gegenseitige Achtung, die das ermöglichten.

Die Situation in den Bezirken und Kreisen wurde im Dezember immer komplizierter. Beratungen mit den Vorsitzenden der Räte der Bezirke zur Lage in der DDR wurden zu einem wichtigen Bestandteil der Regierungstätigkeit. In dieser Übergangszeit trugen die Vorsitzenden der Räte der Kreise und Bezirke eine besondere Verantwortung. Die Runden Tische begannen auch auf diesen Ebenen mit ihrer Arbeit. Da es zwischen den örtlichen und dem zentralen Runden Tisch keine direkten Kontakte gab, gestaltete sich deren Tätigkeit in den Bezirken und Kreisen sehr unterschiedlich. Vertreter der Kirche wirkten überall als Moderatoren. Die inhaltlichen Fragen und auch die komplizierten Probleme bei der Auflösung der Staatssicherheit wurden dort kompetent und konstruktiv gelöst, wo die Zusammenarbeit mit den örtlichen Räten funktionierte. In diesen Fällen konnten die Waffen gesichert und der Polizei übergeben werden, die Akten der Staatssicherheit aus den Kreisen in die Bezirke geschafft sowie unter Kontrolle gebracht und die Gebäude rasch einer sinnvollen Nutzung übergeben werden.

Nur in wenigen Fällen mußten während meiner Regierungszeit Ratsvorsitzende wegen Amtsmißbrauch abberufen werden. Wenn auch die staatliche Autorität stark geschwächt war, zur Bewahrung der Stabilität des Landes haben die örtlichen Volksvertretungen und ihre Räte bis zur Wahl am 18. März 1990 einen sehr wichtigen Beitrag geleistet.

Die Regierung de Maizière hat nach den Volkskammerwahlen die Vorsitzenden der Räte durch Beauftragte ersetzt und damit den Abbau der Autorität der staatlichen Organe beschleunigt. Die Kommunalwahlen am 6. Mai waren schon deshalb dringend nötig. Wie sich aber zeigt, ist eine wirkliche Arbeitsfähigkeit der Kommunen bisher damit nicht erreicht worden. Der Grundsatz der Selbstverwaltung kann nur mit großen Einschränkungen verwirklicht werden, weil es den Kommunen an Möglichkeiten und Mitteln der Selbsterhaltung mangelt. In der DDR erhielten die Kommunen ihre Haushaltsmittel aus den zentral abgeführten Gewinnen der Betriebe. Sie waren deshalb an der Ansiedlung von Betrieben in ihren Gemeinden nicht unmittelbar interessiert. Die jetzige Eigenfinanzierung der Kommunen aus den Steuern, vor allem von Industrie und Handel, kann bei ständigem Rückgang der Wirtschaft in den neuen Ländern nicht funktionieren, so daß der Teufelskreis nicht aufzubrechen ist.

Der Streit um die Finanzierung hat sich jetzt auf die Länder verlagert, und diese rufen den Bund in die Verantwortung. Die schlichte Vorstellung der Bundesregierung, die Einführung der Marktwirtschaft in der DDR bringe das Kapital in Bewegung und Unternehmerinitiative werde alle Probleme lösen, erweist sich mehr und mehr als eine grandiose Fehleinschätzung. Die Regierungen der neuen Länder werden daher eigene regionale Wirtschaftskonzepte ausarbeiten und den Bund zur aktiven Mitarbeit bei deren Realisierung herausfordern müssen.

Tägliche Lageeinschätzung

Die Lage erforderte ab Dezember 1989, daß wir täglich auf der Grundlage von Berichten der Bevollmächtigten der Regierung in den Bezirken über die anstehenden Probleme berieten. An dieser Runde nahmen der stellvertretende Ministerpräsident Dr. Peter Moreth, sein Stellvertreter Manfred Preiß, Harry Möbis, Leiter des Sekretariats des Ministerrates, und sein Stellvertreter Manfred Sauer teil.

Nur so war es möglich, das Zusammenwirken der Ministerien über die wöchentlichen Beratungen der Regierung hinaus zu sichern. Die Bevollmächtigten hatten wir zur Zusammenarbeit mit den Bürgerkomitees bei der Auflösung des MfS/AfNS in jedem Bezirk eingesetzt. Beauftragte gab es schon früher für jeden Bezirk, aber sie hatten keine Vollmachten. Jetzt war es erforderlich, Vertreter der Regierung in jedem Bezirk zu stationieren, die in Zusammenarbeit mit den Bürgerkomitees in eigener Verantwortung wirken und entscheiden konnten. Die Autorität der Regierung wurde durch einen solchen Stil operativer Arbeit weitgehend gewahrt.

Seit Mitte Januar befand sich die Regierung in einer sehr kritischen Situation. Es gab eine Serie von Gewalttätigkeiten, von Ausschreitungen rechtsextremistischer Kräfte, und die Instabilität im Land nahm besorgniserregend zu. Das veranlaßte meine Regierung, vor der Volkskammer eine Erklärung zur Lage abzugeben, in der wir zunächst feststellten, daß die DDR manche harte Prüfung bestanden und Demokratie und Freiheit an Boden gewonnen habe. Mit aller Eindeutigkeit mußte ich jedoch erklären: »Alle, die die demokratische Erneuerung ausgelöst haben und heute daran mitwirken, sollten zugleich verstehen: uns ist eine historische Chance gegeben, die ohne Einschränkung genutzt und nicht beeinträchtigt oder verspielt werden darf.«

In der Wirtschaft fehlten etwa 250 000 Arbeitskräfte. Tausende hatten inzwischen schon Arbeit in der BRD und in West-Berlin aufgenommen. Gleichzeitig mußten viele Bürgerinnen und Bürger, die durch die Verwaltungsreform freigesetzt wurden, in den Arbeitsprozeß eingegliedert werden. Das galt auch für die ehemaligen Mitarbeiter der aufgelösten Staatssicherheit.

Die Opposition äußerte die Befürchtung, »daß die demokratischen Erfolge des Herbstes verspielt werden könnten«. Die Regierung verwies im Gegenzug auf ihre Aktivitäten, diesen Tendenzen entgegenzuwirken, und forderte die Opposition zur Mitarbeit und zur Unterbreitung von Vorschlägen für die weitere Demokratisierung auf.

In den Ausschüssen der Volkskammer wurde von der Regierung verlangt, die Tagungen der Volkskammer gründlicher vorzubereiten und die Vorlagen zur Beratung rechtzeitig einzubringen. Während DBD und NDPD konstruktive Kritik an der Regierung äußerten, drohten CDU und LDPD mit dem Auszug ihrer Minister aus dem Kabinett. Ihr Rückzug war mit Kritik und Angriffen gegen die SED-PDS verbunden. Die Regierung der Großen Koalition drohte zu zerbrechen, die Regierbarkeit des Landes kam in Gefahr. Es mußte ein neuer Weg gesucht und gefunden werden, um die demokratische Umwälzung nicht zu gefährden.

III. Der Runde Tisch – bedeutsames Forum der Bürgerdemokratie und kritisch-konstruktiver Begleiter der Regierungsarbeit

Die Zusammenarbeit zwischen der Regierung und dem Runden Tisch begann eigentlich in den ersten Dezembertagen 1989. Der 7. Dezember, zwanzigster Tag nach der Bildung unserer Regierung, war durch wichtige innenpolitische Ereignisse geprägt. Wir hatten unsere Donnerstagssitzung des Ministerrates. Als erster Tagesordnungspunkt wurde die Lage im Lande beraten. Sie gab Anlaß zu größter Besorgnis. Die fast täglich neuen Enthüllungen über Amtsmißbrauch und Korruption ehemaliger führender Funktionäre der SED und des Staates hatten die Empörung im Lande auf den Siedepunkt getrieben. Es gab Anzeichen von Versuchen der Selbstjustiz, des gewaltsamen Eindringens in öffentliche Gebäude. Der Zorn der Menschen richtete sich gegen staatliche Organe in Gemeinden, Städten, Kreisen und Bezirken, wodurch vielerorts deren Arbeitsfähigkeit erheblich reduziert wurde. Aber davon hingen Versorgung, Transport und Dienstleistungen für die Bevölkerung ab. Die Ordnung wurde auch durch Bombendrohungen, manchmal bis zu zwanzig am Tag, gefährdet. Kaufhallen, Feierabendheime, Verwaltungen und Betriebe, Krankenhäuser und Kindergärten waren davon betroffen. Wir beschlossen angesichts dieser Situation, einen dringenden Appell an alle zu richten, Besonnenheit an den Tag zu legen, Probleme gewaltlos und im Dialog zu lösen.

Am selben Tag erklärte Oberkirchenrat Martin Ziegler zur Eröffnung der Beratungen am zentralen Runden Tisch: »Wichtig ist uns, daß alle politischen Kräfte unseres Landes die Möglichkeit erhalten, gleichberechtigt und gleichverpflichtet mitzuarbeiten an der Bewältigung grundlegender Fragen der gesellschaftlichen Erneuerung. Die Zeit drängt.«

Die Einberufung des Runden Tisches ging auf eine Initiative des Bundes der Evangelischen Kirchen in der DDR zurück. Eingeladen dazu hatten gemeinsam mit dem Bund die Berliner Bischofskonferenz der Römisch-Katholischen Kirche und die Arbeitsgemeinschaft Christlicher Kirchen in der DDR. Am Tagungsort, dem Dietrich-Bonhoeffer-Haus in Berlin, hatten sich entsprechend der Einladung Vertreter von zwölf Parteien und politischen Gruppierungen eingefunden: die fünf »Altparteien« CDU, DBD, LDPD, NDPD und SED, das Neue Forum, Demokratie Jetzt, Demokratischer Aufbruch, Grüne Partei, Initiative Frieden und Menschenrechte, SDP und Vereinigte Linke. Weitere Gruppen wollten gleichberechtigt teilnehmen. Zugelassen wurden noch die Gewerkschaften und der Unabhängige Frauenverband.

Oberkirchenrat Martin Ziegler vom Bund der Evangelischen Kirchen der DDR, neben Monsignore Dr. Karl-Heinz Ducke von der Berliner Bischofskonferenz und Pastor Martin Lange von der Arbeitsgemeinschaft Christlicher Kirchen, einer der drei Moderatoren, hatte für den Runden Tisch in seiner Eröffnungserklärung ein realistisches Konzept unterbreitet, dem ich nur voll zustimmen konnte: »Das Gespräch am Runden Tisch kann und wird keine Nebeninstitution, kann und wird kein Ersatz für Regierung und Volkskammer sein, hat auch nicht deren Kompetenzen. Doch können aus diesem Rundtischgespräch, ja das ist unsere Hoffnung, Anregungen und Vorschläge erwachsen, die von Volkskammer und Regierung aufgegriffen und in die fälligen Entscheidungen einbezogen werden sollten, die zur Lösung der anstehenden Fragen notwendig sind. Die fällige gesellschaftliche Erneuerung wird nur durch gemeinsame Kraftanstrengungen aller zu erreichen sein. Wir denken, reden und handeln auch an diesem Runden Tisch alle für unser Land.« Das entsprach auch dem Selbstverständnis, das der Runde Tisch auf dieser ersten Sitzung formulierte: »Die Teilnehmer des Runden Tisches treffen sich aus tiefer Sorge um unser in eine tiefe Krise geratenes Land, seine Eigenständigkeit und seine dauerhafte Entwicklung.«

Ich hatte noch vor der Einberufung des Runden Tisches den Bürgerrechtsbewegungen die Möglichkeiten eingeräumt, ihre politischen, ökonomischen und organisatorischen Forderungen gegenüber der Regierung geltend zu machen. Ende November suchte mich in meinem Büro im Hotel Johannishof der Vertreter des Demokratischen Aufbruchs, Wolfgang Schnur, zusammen mit einer Arbeitsgruppe der Bürgerbewegungen auf. Sie wollten mich mit einem Aufruf bekannt machen, der sich an alle Teilnehmer von Demonstrationen wandte und sich für Gewaltlosigkeit einsetzte. Ein Anliegen, das ich nur unterstützen konnte. Es gab nur einen Schönheitsfehler: der Aufruf war bereits der Presse übergeben. Und darin wurde auf die Übereinstimmung mit meiner Regierung verwiesen. Ich hatte jedoch in dieser Nacht keine Möglichkeit mehr, meine Regierung − so wie es rechtens gewesen wäre − zu konsultieren, um eine solche Entscheidung treffen zu können.

Am 4. Dezember nahmen einige Mitglieder der Regierung in meinem Auftrage im Hause des Ministerrates an einer weiteren Beratung mit dieser Arbeitsgruppe von Parteien und Bürgerrechtsbewegungen teil, der Vertreter des Neuen Forum, der SDP, der Initiative Frieden und Menschenrechte, Demokratie Jetzt und Demokratischer Aufbruch angehörten.

Wie mir am nächsten Tage berichtet wurde, hatten die Mitglieder der Gruppe − zum Teil in sehr scharfer Form − eine Reihe von Forderungen gegenüber der Regierung erhoben, die unsere Handlungsfähigkeit wesentlich eingeschränkt hätten und daher so nicht akzeptabel waren. Einigkeit wurde nach bis in die Nachtstunden dauernden Verhandlungen in folgenden Punkten erzielt:

1. Absicherung und Unterstützung von Demonstrationen durch das Ministerium des Innern, um überall einen friedlichen, gewaltfreien Verlauf zu gewährleisten. Das war ein entscheidender Schritt zur Sicherheitspartnerschaft zwischen Demonstranten und Polizei.

2. Ein Aufruf zu Gewaltlosigkeit im Lande, der besonders

einer für den Abend desselben Tages angekündigten Demonstration in Leipzig galt und als Ergebnis der gemeinsamen Beratung von Opposition und Regierung veröffentlicht werden sollte.

Von der Leipziger Demonstration befürchteten die Vertreter der Bürgerbewegung Gewalttätigkeiten. Schnur und andere Mitglieder der Gruppe fuhren noch am 4. Dezember nach Leipzig, um Einfluß auf die Demonstranten zu nehmen. Innenminister Lothar Ahrendt leitete von unserer Seite – wie vereinbart – alle notwendigen Schritte ein.

3. Beide Seiten verpflichteten sich, Maßnahmen zu treffen, um Schaden von der DDR abzuwenden. Dabei war unter anderem daran gedacht, jegliche Vernichtung von Akten und Datenträgern zu verhindern, ebenso Streiks mit wirtschaftlichen Folgen für die Bevölkerung möglichst zu vermeiden.

In einem Punkt konnte mit der Arbeitsgruppe keine Übereinstimmung erzielt werden. Die Forderung nach einem unabhängigen Ausschuß zur Untersuchung von Amtsmißbrauch und Korruption vor der Wende und zur Kontrolle der Arbeit meiner Regierung lehnten wir nach eingehender Erörterung im Kabinett ab, weil nach der Verfassung die Regierung einzig und allein der Volkskammer rechenschaftspflichtig war. Wir empfahlen der Gruppe der Opposition, mit dem in der Volkskammer neu gebildeten »Ausschuß gegen Amtsmißbrauch und Korruption« Verbindung aufzunehmen und sich mit ihm über eine Zusammenarbeit zu verständigen.

Die Opposition lehnte eine Kontaktaufnahme mit dem Ausschuß der Volkskammer ab, weil es keine Vertrauensbasis zur Institution und zu den Personen gebe. Diese Haltung konnte ich nicht teilen. Die Regierung hat mit allen ihren Möglichkeiten den Ausschuß der Volkskammer unterstützt. Es fanden auch persönliche Gespräche zwischen mir und dem Ausschußvorsitzenden Heinrich Töplitz statt.

Schließlich kam es zu Kompromißlösungen. Schnur ging im Namen der Arbeitsgruppe am 8. Dezember in einem Schreiben auf den Vorschlag der Regierung ein. Der Runde Tisch hatte am 7. Dezember die Regierung aufgefordert, eine Untersuchungsabteilung beim Ministerrat für die Aufklärung der Vorgänge von Amtsmißbrauch und Korruption zu bilden. Wir verständigten uns darüber, daß diese Abteilung und die von der Opposition gebildete unabhängige Untersuchungskommission zusammenwirken und daß alle materiell-technischen Voraussetzungen für deren Arbeit geschaffen werden sollten.

In dieser ersten Sitzung des Runden Tisches wurde noch in anderen wichtigen Fragen Übereinkunft erzielt. Das war

1. die Festlegung, sofort mit der Erarbeitung einer neuen Verfassung der DDR zu beginnen, die nach Neuwahlen zur Volkskammer im Jahre 1990 in einem Volksentscheid bestätigt werden sollte;
2. die Empfehlung, die Wahl zur Volkskammer am 6. Mai durchzuführen;
3. die Aufforderung an die Regierung, das Amt für Nationale Sicherheit unter ziviler Kontrolle aufzulösen und über die Gewährleistung der eventuell notwendigen Dienste im Sicherheitsbereich die Öffentlichkeit zu informieren.

Für mich war der Runde Tisch mit Beginn seiner Existenz ein außerordentlich wichtiges Gremium der demokratischen Erneuerung unseres Landes. Ich war deshalb auch weitestgehend bereit, Forderungen des Runden Tisches und der einzelnen Parteien und Gruppierungen nach Unterstützung nachzukommen. Am 21. Dezember 89 faßte die Regierung einen Beschluß »Zur Unterstützung des Runden Tisches« (s. Anlage 1), der in enger Zusammenarbeit mit Vertretern der neuen Parteien und Gruppierungen vorbereitet worden war und der ihnen so schnell wie möglich von den materiell-technischen Bedingungen her Chancengleichheit einräumen sollte. Der umfangreiche Beschluß sah unter anderem vor, dem Runden Tisch für seine künftigen Treffen das Konferenzgebäude im Schloßkomplex Niederschönhausen zur Verfügung zu stellen. Den neuen Parteien und politischen Gruppierungen konnten wir außerdem – nach Verhandlungen mit der SED-Bezirksleitung – das Gebäude der SED-Kreisleitung Berlin-Mitte in der Friedrichstraße möbliert anbieten.

Bei den Gesprächen mit den künftigen Nutzern des Hauses kam auch, wie mir meine Mitarbeiter berichteten, die Frage auf, welchen Namen das Gebäude erhalten sollte. Gerd Poppe, Vertreter der »Initiative für Frieden und Menschenrechte«, schlug vor, es »Haus der Opposition« zu nennen. Der Einwand, daß er spätestens dann wieder ausziehen müßte, wenn sie in der Regierung wären, stimmte ihn nachdenklich. Schließlich einigte man sich auf den Namen »Haus der Demokratie«. Gerd Poppe wurde im Februar zusammen mit anderen Vertretern der Opposition Mitglied der Regierung. Heute ist er als Mitglied des Bundestages wieder in der Opposition.

Im Interesse der Sicherung von Gewaltlosigkeit, der Stabilisierung des Landes sowie der demokratischen Erneuerung der Gesellschaft unternahm meine Regierung weitere Schritte zur Zusammenarbeit mit dem Runden Tisch. Am 22. Dezember gaben Wirtschaftsministerin Christa Luft und weitere Regierungsvertreter am Runden Tisch Erläuterungen zur Wirtschafts-, Finanz- und Sozialpolitik.

Für den 2. Januar lud ich Vertreter des Runden Tischs zu einer Beratung im Ministerrat ein, um Fragen der Zusammenarbeit zu besprechen. Ich versicherte, daß die Regierung Rat suche und Rat brauche, und erklärte: »Wenn es uns nicht gelingt, gemeinsam ein Klima der gegenseitigen Achtung, ein Klima der Vertrauensbildung zu schaffen, werden wir auch nicht das notwendige Klima für freie und demokratische Wahlen am 6. Mai haben.« Das war der springende Punkt. Ein weiteres Anheizen der Lage durch Kräfte der Opposition und das Ausnutzen dieser Situation für Gewalttätigkeiten durch nationalistische Elemente drohten, das Land ins Chaos zu stürzen und freie Wahlen unmöglich zu machen.

Wenn auch die Beratung am 2. Januar konstruktiv verlief und geprägt war von dem Wunsch der Teilnehmer, die weitere Demokratisierung zu sichern, zeigten die nächsten Tage, daß konstruktives Miteinander noch nicht Wollen aller war. Das äußerte sich schon allein darin, daß das Neue Forum nicht an der Beratung teilnahm. Auf einer Pressekonferenz erklärten Mitglieder des Neuen Forum, es habe sich der Eindruck verstärkt, der Runde Tisch werde von der Regierung nicht ernst genommen. Die Situation wurde von einigen Vertretern der Opposition am Runden Tisch noch dadurch zugespitzt, daß sie die Abrechnung mit dem SED-Regime und seinen Hauptträgern immer wieder in den Vordergrund rückten. Sie richteten vor allem an die Regierung ultimative Forderungen und verlangten das Vetorecht im Vorfeld von Regierungsentscheidungen. Das hätte eine weitgehende Blockierung unserer Regierungsarbeit bedeutet. Ein Höhepunkt dieser Entwicklung war am 8. Januar die ultimative Forderung aus den Reihen des Neuen Forum, der Ministerpräsident müsse unter Beteiligung des Generalstaatsanwalts und des Ministers des Innern an diesem Nachmittag am Runden Tisch einen Bericht über die innere Sicherheit geben.

Natürlich konnte ich mich nicht so unter Druck setzen lassen. Die Vertreter der DBD, LDPD, NDPD, der SED-PDS und der VdgB unterstützten in einer Erklärung meine Position.

Gewiß waren der Bericht des erst vor kurzem eingesetzten zivilen Regierungsbeauftragten für die Auflösung des Amtes für Nationale Sicherheit, Dr. Peter Koch, und vor allem die Antworten auf die ihm und dem Regierungsbeauftragten, Staatssekretär Walter Halbritter, gestellten Fragen unzureichend und zeugten von mangelnder Kompetenz und ungenügender Vorbereitung. Das stelle ich auch selbstkritisch für mich fest, denn ich hätte der Vorbereitung des Auftritts beider am Runden Tisch größere Aufmerksamkeit schenken müssen. Wichtige Materialien wurden von nun an an meinem Tisch beraten und die erforderlichen Kräfte herangezogen, um kompetente Berichte und Auskünfte zu geben.

Ab Mitte Januar gewannen die Beratungen am Runden Tisch an Qualität, und damit wuchsen auch die Ansprüche an die Regierung. In dieser Zeit folgte ich auch dem Rat der drei Moderatoren, die Arbeit der Regierung mit dem Runden Tisch selbst zu koordinieren. Daraus ist ein Verhältnis gegenseitiger Achtung und des Vertrauens zwischen uns erwachsen.

Appell zur Mitarbeit der Opposition in der Regierung

Am 11. Januar bekräftigte ich in der Volkskammer die Bereitschaft der Regierung zur konstruktiven Zusammenarbeit mit dem Runden Tisch. Ich ging mit konkreten Vorschlägen noch einen Schritt weiter. Dazu gehörte die Aufforderung an den Runden Tisch, inhaltliche Vorschläge für mein Treffen mit Bundeskanzler Kohl zu machen und – noch weitergehend – sich durch kompetente Persönlichkeiten an der Regierungsarbeit direkt verantwortlich zu beteiligen. Gleichzeitig stellte ich aber auch klar: »Versuche, die Legitimation dieser Regierung öffentlich zu bestreiten oder die Arbeit dieser Regierung durch ein Vetorecht gegen ihre Beschlüsse angeblich kontrollieren zu wollen, dienen nicht der Herstellung geordneter politischer Verhältnisse, unter denen ordentlich gearbeitet werden kann.«

Vielleicht war es diese klare Sprache, waren es unsere konstruktiven Angebote an den Runden Tisch, war es das Gefühl der Verantwortung oder die Erkenntnis der Bürgerrechtsbewegungen, daß ihr Einfluß auf die Straße zunehmend schwand, daß es nicht ausreichte, sich nur über die Vergangenheit zu erhitzen – sicher haben alle Faktoren dazu beigetragen, daß sich ein gewisser Wandel in der Haltung der Opposition zur Regierung vollzog. Der Entschluß, am 15. Januar an den Runden Tisch zu gehen, fiel mir aus einem Grunde nicht leicht. Die ultimative Art der Forderung des Neuen Forum vom 8. Januar hatte heftige Diskussionen ausgelöst. Es gab neben Zustimmung in der Bürgerbewegung auch die verbreitete Meinung, daß sich der Ministerpräsident so nicht behandeln lassen dürfe, wenn er das Ansehen der Regierung nicht aufs Spiel setzen wolle.

Wir hatten deshalb einen Brief des Ministerpräsidenten an den Runden Tisch vorbereitet, der darauf antworten sollte. Erst in der Nacht entschied ich mich, persönlich eine Erklärung abzugeben. Die Lage im Lande ließ keinen Raum für persönliches Beleidigtsein, sondern forderte bewußtes, politisches Handeln. So ging ich zur Überraschung der Öffentlichkeit um neun Uhr an den Runden Tisch.

Ich bekräftigte die bereits in der Regierungserklärung vor der Volkskammer unterbreiteten Angebote an den Runden Tisch und versicherte: »Die Regierung braucht und sucht den Rat der am Runden Tisch beteiligten Parteien und Gruppierungen. Die Demokratisierung ebenso wie die Stabilisierung und Reform der Wirtschaft erfordern den Konsens aller verantwortungsbewußten Kräfte.« In diesem Sinne unterbreitete ich auch mehrere Vorschläge für ein Zusammenwirken zwischen Regierung und Rundem Tisch bei der Auflösung des Amtes für Nationale Sicherheit und bei der Beseitigung der alten Strukturen des ehemaligen MfS. Ich kündigte die Ablösung des Zivilbeauftragten der Regierung, Koch, an und machte den Teilnehmern des Runden Tisches das Angebot, ab sofort auch als zivile Kontrolle an der Arbeit der Regierung zur Auflösung des AfNS mitzuwirken. Schließlich schlug ich vor, eine Woche später, am 22. Januar, mit mehreren Ministern erneut an den Runden Tisch zu kommen, um gemeinsam dringende Probleme zu beraten (s. Anlage 2).

Ausschlaggebend war auch, daß Innenminister Lothar Arendt einen sachkundigen Bericht zur Sicherheitslage in der DDR gab und Manfred Sauer, stellvertretender Leiter des Sekretariats des Ministerrates, ausführlich und konkret über den Stand der Auflösung des AfNS informierte. Zur Frage der Neubesetzung des Regierungsbeauftragten für die AfNS-Auflösung unterbreitete Michael Koplanski (DBD) den Vorschlag, für die weitere Arbeit ein Gremium mit je einem Vertreter der Kirche, der Regierung, der Altparteien und der Opposition zu bilden. Das wurde allgemein begrüßt.

Mit ihnen, d. h. mit Bischof Gottfried Forck und Oberkonsistorialrat Schröter, der diesen unterstützte, sowie mit dem Bevollmächtigten der Regierung Fritz Peter von der ehemaligen Hauptverwaltung Zivilschutz und mit Werner Fischer von der »Initiative Frieden und Menschenrechte« sowie mit Dr. Georg Böhm (DBD), entwickelte sich in den folgenden Wochen eine kritisch-konstruktive und vertrauensvolle Zusammenarbeit.

Die Vorschläge aus dieser Gruppe führten unter anderem auch zu unserem Regierungsbeschluß vom 8. Februar, ein Komitee zur AfNS-Auflösung zu bilden, um die technischen und personellen Voraussetzungen dafür zu erweitern.

Die positive Aufnahme, die unser Auftreten am 15. Januar sowohl am Runden Tisch als auch in der Öffentlichkeit gefunden hatte, paßte bestimmten Kräften nicht. Sie setzen nicht auf Klimaverbesserung, sondern Klimavergiftung zwischen Regierung und Opposition. Am 22. Januar erschien in der »Bild«-Zeitung die Meldung: »Putsch — Stasi gibt Waffen aus. Elitetruppen des Staatssicherheitsdienstes und Teile der Nationalen Volksarmee bereiten sich offensichtlich auf einen Putsch, auf eine Machtübernahme in der DDR vor. Wie »Bild« von oppositionellen Gruppen aus der DDR erfuhr, ist seit dem Freitag ein zentraler Alarmplan ausgelöst worden. Stasi-Truppen sind bewaffnet worden, üben gemeinsam mit Teilen der NVA, bereiten sich auf einen Bürgerkrieg vor.« Weiter hieß es, daß oppositionelle Gruppen einen Generalstreik für den kommenden Mittwoch vorbereiteten.

Ich habe gleich zu Beginn meiner Erklärung am 22. Januar am Runden Tisch diese »Bild«-Story als Provokation verurteilt. Außerdem informierte ich darüber, daß ich durch die Minister für Innere Angelegenheiten und für Nationale Verteidigung die Dinge sofort habe überprüfen lassen. Das Ergebnis: die Waffen waren eingelagert, Übungen hat es nirgendwo gegeben.

Es gab von den Sprechern aller Parteien und politischen Gruppierungen des Runden Tisches eine einmütige Zurückweisung der »Bild«-Provokation, so daß schließlich das Gegenteil von dem herauskam, was deren Autoren ursprünglich bezweckt hatten.

In meiner Erklärung hatte ich mich auch grundsätzlich zu meiner Verantwortung als Regierungschef geäußert: »In meiner Tätigkeit als Ministerpräsident sehe ich mich ausschließlich in meiner Verantwortung gegenüber dem Volk und nicht gegenüber einer Partei. Deshalb brauche ich den Rat und — das ist mein Wunsch — die Unterstützung aller Parteien und nicht nur einer Partei. Um es nochmals und deutlich zu sagen: In meiner Verantwortung vor dem Volk sehe ich mich nicht an eine Partei gebunden, obwohl ich einer Partei angehöre. Das gilt auch für die anderen Mitglieder meiner Partei in der Regierung.«

Diese Klarstellung war in verschiedene Richtungen erforderlich: in die Richtung jener Kräfte in der Opposition, die von mir einen Austritt aus der PDS, zumindest eine ruhende Mitgliedschaft verlangten. Sie war auch für jene in den bisherigen Blockparteien gedacht, die mir Parteipolitik vorwarfen und das als Vorwand nutzten, um sich aus der Regierungskoalition zurückzuziehen, sich von der Zusammenarbeit mit der SED zu distanzieren, abzugrenzen. Das geschah vor allem nach solchen massiven Einmischungsversuchen wie dem des CDU-Generalsekretärs Volker Rühe, der in der »Welt« die Ost-CDU aufforderte, die Regierungskoalition zu verlassen. »Die CDU in der DDR sollte jetzt einen Schlußstrich gegenüber der SED ziehen und sich an die Seite der Opposition stellen«, verlangte er.

Was die Zusammenarbeit mit dem Runden Tisch betraf, so konkretisierte ich meinen Vorschlag zur Beteiligung an der Regierungsarbeit. Ich forderte alle am Runden Tisch vertretenen neuen Parteien und Gruppierungen auf, mir Persönlichkeiten zu benennen, die bereit seien, als Mitglieder des Ministerrates in die Regierung einzutreten. Ich kündigte meine Absicht an, noch im Laufe der Woche die Koalitionsgespräche zu führen.

In meiner Erklärung hatte ich auch Bezug genommen auf ein Ereignis, das sich am Nachmittag des 15. Januar in der Lichtenberger Normannenstraße abgespielt hatte. Das Neue Forum hatte für diesen Tag zu einer Aktionskundgebung ohne Gewalt vor dem MfS-Komplex aufgerufen. Etwa 50 000

Menschen folgten dem Aufruf, allerdings nicht dem Appell zur Gewaltlosigkeit. Die Gebäude wurden gestürmt, Räume verwüstet, schwere Zerstörungen angerichtet. Augenzeugen berichteten, daß ganz bestimmte Räume dabei aufgesucht und Unterlagen weggeschafft wurden. Wo sie geblieben sind, ist bis heute ungeklärt. Um Schlimmstes zu verhüten, fuhr ich selber in die Normannenstraße. Meinem Fahrzeug bahnte lediglich ein Funkwagen den Weg durch die erregte Menge. Auf einer Tribüne sprach ich zu den Menschen, rief sie eindringlich zu Besonnenheit auf und konnte sie dazu bewegen, die Gewalttätigkeiten einzustellen. Neben mir auf dem Podest standen Ibrahim Böhme, Pfarrer Rainer Eppelmann und Konrad Weiß, die von den Beratungen am Runden Tisch herbeigeeilt waren.

Die Situation in der Normannenstraße habe gezeigt, stellte ich in meiner Erklärung am Runden Tisch fest, »wie verletzlich der innere Frieden ist, wie auch eine politische Demonstration in Akte der Gewalt, des Vandalismus umschlagen kann«. Ich forderte alle Vertreter der Parteien und politischen Gruppierungen auf, mitzuhelfen, daß sich Ereignisse wie in der Normannenstraße nicht wiederholten.

Auf Anforderung des Runden Tisches gaben am selben Tag noch Egon Krenz und Wolfgang Herger, ehemaliger Leiter der Abteilung Sicherheit im ZK der SED, einen Bericht über die Verflechtung von Partei und Sicherheitsapparat bis Oktober 89. Es wurde detailliert Auskunft gegeben, unter anderem auch darüber, daß auf keiner Ebene die gewählten Leitungen der SED, die Sekretariate der Kreisleitungen und der Bezirksleitungen mit der operativen Tätigkeit und dem Einsatz der bewaffneten Organe, darunter der Staatssicherheit, direkt befaßt waren. In keinem Fall, so der Bericht, waren Funktionäre der SED außerhalb ihrer staatlichen Funktion weisungsbefugt gegenüber den sogenannten Schutz- und Sicherheitsorganen.

Natürlich gab es auch Fragen zum Wirken der Bezirks- und Kreiseinsatzleitungen der Partei. Ihre Aufgabe habe darin bestanden, Vorbereitungen für eine Spannungsperiode zu treffen. Dabei sei jedoch nie von innenpolitischen Vorgängen ausgegangen worden. Sie sollten ausschließlich die Planung, Kontrolle der Landesverteidigung koordinieren und einheitlich durchsetzen.

Die Vereinbarung über den Eintritt von Mitgliedern der Opposition in unser Kabinett war zweifellos der Höhepunkt der zunehmend fruchtbaren Zusammenarbeit zwischen Regierung, Rundem Tisch und Volkskammer.

Das kennzeichnete auch die letzte Sitzung des Runden Tisches am 12. März. Die umfangreiche Tagesordnung sah u. a. den Bericht des Leiters der Regierungskommission zur Untersuchung des Bereiches Kommerzielle Koordinierung, Willi Lindemann, sowie einen Bericht des von der Regierung beschlossenen Komitees zur Auflösung des AfNS vor.

In einer Abschlußerklärung stellte der Runde Tisch fest, er habe sich als Bestandteil der öffentlichen Kontrolle verstanden. »Die Verwirklichung dieser Ziele war anfänglich mit manchen Schwierigkeiten verbunden; es ging um Arbeitsfähigkeit und Bestimmung der Inhalte, um mehr Öffentlichkeit bei Vorbereitung gemeinsamer Entscheidungen und Kontrolle, um eigene Autorität und Akzeptanz durch die Regierung von Ministerpräsident Modrow. Die erste gemeinsame Beratung Anfang Januar setzte die dafür erforderlichen Zeichen. Seitdem trug die zunehmend von Konstruktivität geprägte Zusammenarbeit von Rundem Tisch, Volkskammer und Übergangsregierung dazu bei, die politische Stabilität des Landes und seine außenpolitische Handlungsfähigkeit zu bewahren. Ausdruck dafür ist auch die Mitarbeit von acht Ministern aus den neuen Parteien und Bewegungen in der Regierung.« Von Bedeutung waren die sechs politischen Empfehlungen des Runden Tisches an die aus den Wahlen hervorgehende Volkskammer und die neue Regierung (s. Anlage 3), die dann leider bald bei den regierungstragenden Parteien keine Beachtung mehr fanden, ebensowenig wie der Vorschlag an das Parlament, für den 17. Juni einen Volksentscheid über eine neue Verfassung der DDR vorzubereiten.

Im Namen des Ministerrates und in meinem Namen dankte mein Stellvertreter, Dr. Peter Moreth, allen Teilnehmern am Runden Tisch für die geleistete Arbeit. »Die Regierung sieht den Runden Tisch als eine Institution an, die maßgeblichen Anteil daran hatte, daß die Revolution in unserem Land mit Konsequenz vorangebracht wurde und, was uns besonders wichtig ist, friedlich verlief«, stellte er fest. »Ohne die Unterstützung des Runden Tisches wäre es kaum möglich gewesen, das gesellschaftliche Leben im Lande aufrechtzuerhalten und die ersten freien Wahlen am 18. März vorzubereiten.«

IV. Erstmalig in Deutschland – eine Regierung der Nationalen Verantwortung

Die Zuspitzung der Lage in der DDR Mitte Januar zeigte sich besonders auf politischem Gebiet. Rechtsextremistische Kräfte formierten sich. Sie erhielten Unterstützung aus der BRD und versuchten, teilweise mit Erfolg, vor allem in die Demonstrationen in Leipzig einzudringen. Die etablierten Parteien, in erster Linie die SED-PDS, gerieten in die Krise. Sie verloren einen Teil ihrer Mitglieder. Bei der SED-PDS waren es bis Ende 1989 über eine Million. Die Ost-CDU und auch die LDPD gingen auf Distanz zur Regierung.

Nur eine Koalition aller an der demokratischen Erneuerung der DDR interessierten Kräfte konnte das Abgleiten des Landes in ein Chaos verhindern. Entscheidend in dieser Situation war für mich, die Vorbehalte des Runden Tisches gegenüber der Regierung abzubauen und zu überwinden und das Verhältnis zu einem konstruktiven, wenn auch kritischen Miteinander zu gestalten. Erste Schritte in dieser Richtung waren mein Auftreten am Runden Tisch am 15. und 22. Januar und besonders mein Vorschlag, daß die neuen Parteien und Bewegungen direkt in der Regierung mitarbeiten sollten. Es schien mir geboten, jene Kräfte, die das Vertrauen vieler Bürgerinnen und Bürger gewonnen hatten, nun auch in die Verantwortung der Regierung für den demokratischen Umbruch einzubeziehen.

Die Weichen dazu wurden auf einer gemeinsamen Beratung am 28. Januar gestellt. Da die Initiative von mir ausgegangen war und die Zeit drängte, konnte mit Unterstützung des Runden Tisches ein Treffen aller Parteien und Bewegungen für diesen Sonntag im Hotel »Johannishof«, meinem damaligen »Wohnsitz«, vereinbart werden.

Erneut ging es zunächst um die Einschätzung der Lage im Lande. Ich gewann den Eindruck, daß bei den neuen Bewegungen und Parteien die Erkenntnis wuchs, ohne gemeinsames Handeln könne die Stabilität des Landes überhaupt nicht mehr bewahrt werden. Trotz der Zusammenarbeit am Runden Tisch blieb aber die Abgrenzung zwischen den etablierten Parteien und der Opposition bei dieser Begegnung bestehen. Die SPD spielte im Kreis der Opposition durch Ibrahim Böhme eine besonders aktive Rolle.

Da wir uns bei der Beurteilung der Lage bald angenähert hatten, konzentrierte sich die Beratung dann auf zwei Problemkreise:

– Wie sollte sich die Mitarbeit in der Regierung gestalten?
– War bei der sich verschärfenden Lage der Wahltermin vom 6. Mai noch zu halten?

Als Initiator der Begegnung oblag mir auch die Verhandlungsführung. Das war schwierig, da ich die Vertreter der Opposition persönlich kaum kannte und so schon das Erteilen des Wortes für mich zum Problem wurde. Wie sonst am Runden Tisch waren es auch hier die drei Moderatoren der Kirche, die mir halfen, so manche Klippe zu umsegeln und in der Sache Ausgeglichenheit zu bewahren.

Die neuen Parteien und Gruppierungen schlugen einen Wechsel in der Besetzung der Ministerressorts vor und damit auch eine Neuverteilung der Verantwortung. Namentliche Vorschläge machten sie nicht, sondern legten nur Prinzipien dar. Die Diskussion darüber erstreckte sich dann bald auch auf die Frage des Wahltermins, da beide Probleme im Zusammenhang betrachtet werden mußten.

Unter Beachtung der Gesetzgebung wurde der 18. März als frühestmöglicher Termin für die Wahlen errechnet. Für ein Vorziehen der Wahlen trat vor allem die SPD ein. Sie sah sich im politischen Aufwind und ging davon aus, unter solchen Bedingungen die besten Chancen bei einer Wahl zu haben, wie sich später zeigen sollte, eine völlige Verkennung der Stimmung unter den Wählern. Auch die PDS mit Gregor Gysi sprach sich für den neuen Wahltermin aus, gewiß auch in der Hoffnung auf ein erträgliches Wahlergebnis. Der frühe Termin entsprach auch meinen Vorstellungen, denn die Zuspitzung der Lage, vor allem der Verlust der Autorität der örtlichen staatlichen Organe erforderten dringend eine aus freien Wahlen hervorgegangene Regierung. Die neuen Bewegungen meldeten ihre Zweifel an, weil sie nicht zu Unrecht fehlende Chancengleichheit sahen.

Auch die Frage der gleichzeitigen Neuwahl aller Volksvertretungen von der Kommune bis zur Volkskammer stand zur Debatte. Obwohl sich alle einig waren, daß gerade die örtlichen Vertretungen an Autorität verloren, gab es eine Mehrheit dafür, zunächst nur Volkskammerwahlen durchzuführen, um durch eine demokratische, freie, gleiche und geheime Wahl der obersten Volksvertretung die notwendige Legitimität und Handlungsfähigkeit zu geben. Es sollten Wahlen ohne Ausgrenzungsklausel sein, mit gleichen Chancen für alle.

Mit dem Blick auf die Länderbildung, die bereits in der Volkskammer zur Diskussion stand, wurde Einigkeit erzielt, am 6. Mai die Vertretungen der Städte, Gemeinden und Kreise zu wählen und die Vertretungen der Bezirke nicht mehr einzubeziehen. In Abhängigkeit von der Länderbildung sollte der Wahltermin für die Wahl der Landtage später festgelegt werden.

Nachdem die Wahltermine geklärt waren, konnte nun auch die Diskussion über die Neugestaltung der Regierung konkreter geführt werden. Meine Zweifel an der Zweckmäßigkeit einer Umbildung der Regierung verstärkten sich angesichts der Kürze der Zeit, die für die Übernahme von Ministerien durch neue Minister zur Verfügung stand. Schon die amtierenden Minister hatten zum Teil noch Schwierigkeiten, ihrer Verantwortung gerecht zu werden, da sie sich zunächst einen genauen Überblick über die Bereiche erarbeiten mußten. Wir konnten nach meiner Auffassung auch nicht den Standpunkt vertreten, daß »die Minister das Kabinett bilden und die Staatssekretäre die eigentliche Regierungsarbeit leisten«. Jeder Minister mußte selbst die volle Verantwortung für die Arbeit seines Ministeriums tragen und dies auch in der Regierung tun. Der Vorschlag einer Mitarbeit von Vertretern der Opposition ohne Geschäftsbereich schien mir daher eine gute Variante, die ich keinesfalls als einen formellen Schritt betrachtete.

Während unserer Beratung mußten Pausen eingelegt werden, in denen sich Vertreter der etablierten Parteien und der Opposition zurückzogen, um die unterschiedlichen Standpunkte zu erörtern und wieder Konsens zu suchen. Als nach etwa acht Stunden, kurz vor Mitternacht, Oberkirchenrat Ziegler vor die schon lange wartenden Journalisten trat, konnte er ihnen ein Ergebnis von großer politischer Bedeutung verkünden: der Grundstein für eine Regierung der Nationalen Verantwortung war gelegt. Dreizehn Parteien und Bewegungen wollten in einer Regierung zusammenarbeiten und gemeinsam nationale Verantwortung tragen. Das war ein entscheidender Schritt für Stabilität im Lande.

Die Möglichkeiten der Regierung der großen Koalition, wie sie am 17. November 89 gebildet worden war, waren Ende Januar erschöpft. Je stärker sich die Annäherung zwischen der CDU-Ost und CDU-West, der LDPD und der FDP vollzog, um so mehr stellten beide Parteien ihre Mitarbeit in der Regierung in Frage. Einige Minister kamen dadurch in Konflikte mit der eigenen Partei, da sie sich der nationalen Verantwortung nicht entziehen wollten.

Regierung um acht neue Minister erweitert

Nach der Weichenstellung am 28. Januar unterbreitete ich am 5. Februar im Rahmen einer Regierungserklärung der Volkskammer den Vorschlag, die Regierung um acht Minister zu erweitern und damit dreizehn Parteien und Bewegungen in ihr zu vereinigen. Die »Vereinigte Linke« (VL) zog ihre Bereitschaft zur Mitarbeit zurück. Sie wollte damit ihre Ablehnung meiner Initiative »Deutschland, einig Vaterland« vom 1. Februar bekunden. In der damaligen Hektik kam es leider nicht mehr zu einer Aussprache mit den VL-Vertretern, und es blieb bei der Absage.

Die Volkskammer billigte meine Vorschläge und sprach den neuen Ministern ihr Vertrauen aus.

Die Bildung der Regierung der Nationalen Verantwortung bedeutete natürlich in erster Linie einen noch höheren Anspruch an mich, aber auch an alle Ressortminister. Es sollte alles getan werden, damit die Minister ohne Geschäftsbereich wirklich die Möglichkeit hatten, Mitverantwortung zu tragen und die Regierungsarbeit mitzugestalten. Die vertrauensvolle Zusammenarbeit der bisherigen Regierung sollte sich auch auf die neuen Minister übertragen. Das erforderte die Bereitschaft, die eigenen Ressorts auch so zu öffnen, daß die Minister ohne Geschäftsbereich die notwendigen Einsichten erhielten, mitarbeiten und, wo nötig, auch kontrollierend wirken konnten.

In den wenigen Wochen, die bis zur Volkskammerwahl verblieben, hat die Regierung noch eine umfangreiche Arbeit geleistet. Wolfgang Ullmann vertrat gemeinsam mit Peter Moreth die Regierung am Runden Tisch. Das geschah in einer Zeit, als es darum ging, noch wichtige Gesetze auszuarbeiten, den notwendigen Konsens darüber zu erreichen und sie in der Volkskammer vorzulegen. Die 17. Tagung am 20. und 21. Februar schuf mit der 2. Lesung des Gesetzes über die Wahlen, mit der Bestätigung der Ordnung zur Durchführung der Wahlen, mit dem Beschluß über die Bildung der Wahlkommission und mit dem Parteiengesetz die entscheidenden Voraussetzungen für die Durchführung der Wahlen am 18. März.

Wolfgang Ullmann, der sich besonders auf dem Gebiet der Gesetzgebung engagierte, sprach sich nachdrücklich für die Ausarbeitung einer neuen Verfassung aus. Als Sprecher der CDU trat Lothar de Maizière auf dieser Tagung dafür ein, die Verfassung von 1949 zu prüfen und wieder wirksam zu machen. Der spätere Verlauf der Dinge zeigte, daß die CDU den Verfassungsentwurf des Runden Tisches nicht einmal zur Beratung in den Ausschüssen der Volkskammer freigab. Wolfgang Ullmann, Vorkämpfer für eine neue Verfassung, setzte sein Engagement dafür auch nach der Vereinigung der beiden deutschen Staaten fort.

Walter Romberg engagierte sich zunächst besonders aktiv für Fragen der Abrüstung und der Friedenspolitik. Als die Verhandlungen mit der BRD über eine Währungsunion beginnen sollten, erklärte er seine Bereitschaft, die Leitung der DDR-Delegation zu übernehmen. Bei diesem Vorschlag ging ich von der Überlegung aus, der SPD-Ost eine Chance zu geben, sich politisch zu profilieren. Walter Romberg hat die Aufgabe hervorragend erfüllt. Meinem Rat, nach dem enttäuschenden Wahlergebnis der SPD am 18. März nicht in die Regierung de Maizière einzutreten, hat er wohl nicht folgen können, da die SPD unbedingt mitregieren wollte.

Erst im Spätsommer war die SPD dann nicht mehr bereit, die Krise der Regierung mitzutragen und schied aus der Koalition aus. Walter Romberg, der mit Redlichkeit und richtigem Vorausblick als Finanzminister erkannt hatte, daß die Finanzierung der Länder mit der von Staatssekretär Günter Krause vertretenen Position nicht zu erreichen war, kam auch zu Lothar de Maizière in offenen Widerspruch und wurde aus seinem Amt entlassen.

Mit Gerhard Poppe von der »Initiative für Frieden und Menschenrechte« kam ein ruhiger, sehr überlegter Mann in die Regierung. Seine Beiträge waren stets eine Herausforderung für die Fachbereiche und trugen zur Qualifizierung der Arbeit bei. Mathias Platzek von der Grünen Partei hatte natürlich besondere fachliche Kompetenz auf dem Gebiet des Umweltschutzes, engagierte sich aber auch in anderen Fragen der Regierungspolitik.

Rainer Eppelmann erwies sich als ein streitbarer Partner. In den eigenen Reihen des Demokratischen Aufbruchs (DA) gab es Probleme mit Wolfgang Schnur, der sich schon als künftiger Ministerpräsident der DDR an der Seite von Helmut Kohl gesehen hatte und den dann die eigene Vergangenheit einholte. Rainer Eppelmann wurde Vorsitzender des DA und wechselte von der Kirche in die Politik. Bei gemeinsamen Auslandsreisen kamen wir uns persönlich näher und konnten so eine Basis vertrauensvoller Zusammenarbeit schaffen. Wie sich später zeigte, fand er Genuß an der Macht und ging als Minister für Abrüstung und Verteidigung in die Regierung de Maizière.

Das erste Zusammentreffen mit Tatjana Böhm vom Unabhängigen Frauenverband bestätigte die Richtigkeit der Redensart: »Wie klein ist doch die Welt!« Als ich sie mit Frau Böhme ansprach, machte sie mich darauf aufmerksam, daß sie Böhm heiße und daß ich mit ihrer Mutter auf der Komsomolschule in Moskau studiert habe.

Wichtige Gesetzesinitiativen

Tatjana Böhm setzte ihre ganze Kraft für eine Sozialcharta ein, die sie in der letzten Tagung der Volkskammer am 7. März 1990 im Auftrage der Regierung begründete. Die Vereinigung der beiden deutschen Staaten müsse auch einen Sozialverbund zur Verbesserung der Lebens- und Beschäftigungsbedingungen in der Einheit von Arbeit, Freizeit und Familie einschließen. Sie solle sich als ein wechselseitiger Reformprozeß vollziehen, in den die positiven Elemente der Sozialsysteme beider deutscher Staaten aufgenommen werden. Durch deren Weiterentwicklung könne ein höheres Niveau der sozialen Sicherung erreicht werden. Gerhard Poppe unterstützte vor der Volkskammer die Positionen der Regierung mit Vorschlägen des Runden Tisches und forderte sie gleichzeitig auf, die Sozialcharta in die Verhandlungen zur Bildung einer Wirtschafts-, Währungs- und Sozialunion mit der Bundesrepublik einzubringen.

Diese Forderung fand bei den Verhandlungen der Regierung de Maizière zum Einigungsvertrag keine Beachtung. Die damaligen Angriffe aus dem konservativen Lager gegen die Sozialcharta machten sich die Verhandlungsmitglieder um Staatssekretär Krause zu eigen und schlugen auch diese Chance für eine wirksame Vertretung der Interessen der Bürgerinnen und Bürger der DDR aus. Die CDU, einst auch am Runden Tisch vertreten, löste sich im Prozeß der Vereinigung der beiden deutschen Staaten vollständig von den demokratischen Vorgaben dieses Gremiums. Alles, was durch die Regierung der Nationalen Verantwortung und den Runden Tisch gemeinsam getragen worden war, unterlag bald den Angriffen einer konservativen Politik.

Das Gewerkschaftsgesetz legt dafür in besonderem Maße Zeugnis ab. Der außerordentliche Gewerkschaftskongreß hatte den Entwurf eines Gewerkschaftsgesetzes beschlossen und die Volkskammer aufgefordert, ihn in den Ausschüssen zu beraten und zu bestätigen. Die neugewählte Vorsitzende des Geschäftsführenden Vorstandes des Freien Deutschen Gewerkschaftsbundes, Helga Mausch, begründete das Gesetz vor dem Parlament. Da die Gewerkschaften mit Streiks drohten, falls das Gesetz nicht zur Beratung komme, gab es keine Fraktion, die sich dagegenstellte. Auch bei der Beschlußfassung auf der 18. Tagung der Volkskammer am 6. März scheuten bestimmte Fraktionen die öffentliche Ablehnung, um bei den Wahlen keine Stimmverluste hinnehmen zu müssen. Mit dem Gesetz wurde das Streikrecht verankert und die Verfassung entsprechend geändert.

Während die CDU in demagogischer Weise dem Gesetz im Parlament zustimmte und im Wahlkampf ihre ablehnende Haltung verschwieg, traten Vertreter der SPD schon im Vorfeld der Wahlen gegen das Gesetz auf. Die Rechnung dafür erhielt die Partei dann auch prompt bei den Wahlen. Das Gewerkschaftsgesetz stand nicht im Gegensatz zum Betriebsrätegesetz, wie die SPD argumentierte. Was es erreichen wollte, war lediglich ein Interessenschutz für die Gewerkschaften unter den Bedingungen der Marktwirtschaft, der über den festgeschriebenen Normen der Bundesrepublik lag.

Auch dieses Gesetz ist mit seinen wesentlichen Elementen ein Bestandteil der demokratischen Umwälzung in der DDR. Es wurde zum Nachteil der Arbeitnehmer im Einigungsvertrag zunichte gemacht.

Mit dem »Gesetz zur Änderung und Ergänzung des Gesetzes

über die landwirtschaftlichen Produktionsgenossenschaften«, kurz LPG-Gesetz genannt, beabsichtigte meine Regierung, ein umfassendes Gesetz zur Neubestimmung der Rechte und Pflichten der LPG vorzulegen. Der Zeitdruck ließ dafür jedoch keine Möglichkeit mehr, und so unterbreiteten wir der Volkskammer einen Entscheidungsvorschlag, der darauf abzielte, die Rolle des Eigentums in den LPG und im Verhältnis der Genossenschaftsmitglieder zu ihrer Genossenschaft zu erhöhen. Es ging vor allem darum, daß die Vergütung der Arbeit sowohl nach dem Arbeitsmaß als auch nach den Arbeitsergebnissen erfolgen und künftig mit einer Gewinnbeteiligung entsprechend dem eingebrachten Boden und Inventar oder erworbenen Genossenschaftsanteilen verknüpft werden sollte.

Dieses Gesetz diente der Sicherung des Eigentums der Genossenschaftsbauern sowie ihrer Ansprüche an die Genossenschaft. Mit Blick auf die Auswirkungen der Marktwirtschaft schlug die Regierung außerdem vor, den LPG ein umfassendes Verfügungsrecht über ihr Eigentum zu geben, ihnen die Möglichkeit einzuräumen, Klein- und Mittelbetriebe besonders für die Verarbeitung, die Veredlung und den Absatz landwirtschaftlicher Produkte zu bilden. In den Märztagen gab es bereits Bauerndemonstrationen, auf denen die Forderung nach gesichertem Absatz der Agrarprodukte erhoben wurde. Die Bauern ahnten damals noch nicht, wie kompliziert sich ihr Schicksal im Vereinigungsprozeß gestalten sollte.

Die Abgeordneten der Volkskammer stimmten dem Gesetzentwurf einmütig zu. Leider hat die nachfolgende Regierung die Interessen der Bauern nicht mehr konsequent vertreten. Bereits 14 Prozent des Bodens in den neuen Bundesländern werden zur Brache, während es in den Alt-Ländern nur etwa 4 Prozent sind. Über zwei Drittel der Beschäftigten in der Land- und Nahrungsgüterwirtschaft haben inzwischen ihren Arbeitsplatz verloren. Trotz eindeutiger Bestätigung der Bodenreform halten Forderungen auf Rückgabe des Bodens an. Man möge an diesen Resultaten prüfen und vergleichen, wie in den Zeiten des demokratischen Umbruchs die Interessen der Bauern in der DDR vertreten wurden und wie sie im überhasteten Vereinigungsprozeß ohne Chance zur Anpassung an die Bedingungen des EG-Marktes ins Abseits gerieten. Auch der so hoch gepriesene Anbau von Raps und die Verarbeitung seines Öls zu dem praktisch stets nachwachsenden natürlichen Treibstoff wird für die Bauern von Mecklenburg-Vorpommern kein Ausweg sein. Dieser Ratschlag von Günter Krause klingt doch wie Hohn auf die hundertfachen ungelösten Probleme der Bauern.

Auch die Bildung der Treuhandanstalt erfolgte auf Beschluß der Regierung der Nationalen Verantwortung. Wie weit die Welten vor und nach den März-Wahlen auseinanderliegen, macht eine Anfrage des Abgeordneten Hanisch von der LDP am 7. März in der Volkskammer deutlich: »Welche Aufgaben wird die Treuhandanstalt verwirklichen, um das Recht der Bürger auf das Volkseigentum, das sie in 40 Jahren schwer erarbeitet haben, zu wahren?« Wo Herr Hanisch heute seinen Platz im politischen Leben gefunden hat, ist schwer zu sagen. Die Position der FDP, in die die LDP aufgenommen wurde, hat mit der damaligen Anfrage nichts mehr gemein. Entsprechend der Politik der Bonner Koalitionsparteien kennt die Treuhandanstalt nur noch ein Ziel, die Privatisierung der Betriebe der ehemaligen DDR zu möglichst niedrigen Preisen, um einerseits das Privatkapital zu fördern und andererseits dem Staatshaushalt noch einen geringen Ertrag zukommen zu lassen. Von den Ergebnissen der Leistungen der Werktätigen der DDR, den heutigen Arbeitnehmern der neuen Länder, ist überhaupt keine Rede mehr. Bestenfalls fällt man über »die marode Wirtschaft der ehemaligen DDR« her, damit niemand auf den Gedanken kommt, zum Ausgleich für sein halbiertes Sparkonto ein paar Volksaktien einzuklagen, von denen man ja noch am Runden Tisch gesprochen hatte.

Am 7. März gegen elf Uhr beendete die Volkskammer, der die Regierung Modrow verantwortlich war, ihre letzte Sitzung. Der Präsident der Volkskammer, Günther Maleuda, hat in sehr bewegenden Worten die geschichtliche Periode dieser Volkskammer von ihrer 11. Tagung am 13. November 1989 bis zur 18. Tagung zusammengefaßt. In den acht Beratungen gab es 547 Wortmeldungen von Abgeordneten, Regierungsmitgliedern, Vertretern der Generalstaatsanwaltschaft und des Runden Tisches, es wurden 22 Gesetze angenommen und mit 15 Beschlüssen die rechtliche Ausgestaltung des Demokratisierungsprozesses vollzogen.

Seit dem demokratischen Umbruch hat sich die Volkskammer als einzige zentrale gesetzgebende Kraft trotz vieler Diskussionen über ihre Legitimation Anerkennung im Lande erworben und in ihrer Arbeit Zustimmung vieler Bürgerinnen und Bürger gefunden. Die in- und ausländischen Medien schenkten der parlamentarischen Tätigkeit in der DDR große Aufmerksamkeit. Es entwickelte sich ein neues Verhältnis zwischen Parlament und Regierung. Die Regierung war wohl erstmalig in der Geschichte der DDR wirklich Organ der obersten Vertretung des Volkes und stand ohne Einschränkung unter ihrer Kontrolle. Mit der Regierung der Nationalen Verantwortung verstärkten sich diese Elemente noch. Der Runde Tisch als Hohe Schule der Bürgerdemokratie und die Regierung wirkten in dieser Zeit eng zusammen und gaben so auch der Volkskammer wachsende Autorität.

Die am 18. März neugewählte 10. Volkskammer, hervorgegangen aus freien, gleichen und geheimen Wahlen, brauchte nie eine Debatte über ihre Legitimation zu führen, aber großes Ansehen hat sie vor allem gegen Ende ihrer rund halbjährigen Tätigkeit im Lande nicht gehabt. Die politische Kultur, die sich in den wenigen Monaten vom November bis zum März im Parlament entwickeln konnte, hat nie das Bild dieser Volkskammer geprägt. Auch im Verhältnis zwischen der Regierung und der Volkskammer ging das Verständnis über die gemeinsame Verantwortung für die Geschicke des Landes bald verloren.

Am 15. März traf sich die Regierung der Nationalen Verantwortung zu ihrer letzten Beratung. Über den Ausgang der bevorstehenden Wahlen herrschte Unsicherheit, über die gemeinsam getragene Verantwortung ein Gefühl der Gewißheit. Es gab nicht wenige Debatten mit sehr gegensätzlichen Standpunkten, am Ende haben wir jedoch aus nationaler Verantwortung stets einen Konsens gefunden. Probleme, die es zu klären galt, haben wir nicht vor uns hergeschoben, sondern uns bemüht, Lösungen zu finden. Weil wir mit Bedacht, nicht leichtfertig und überhastet handelten, ist der Regierung und oft mir persönlich zu Unrecht der Vorwurf der Zögerlichkeit gemacht worden. Mein Bemühen war in den letzten Wochen auch darauf gerichtet zu verhindern, daß der Wahlkampf die Arbeit der Regierung beeinflußte. Sie mußte bis zum Schluß arbeitsfähig bleiben. Wie unterschiedlich sich auch die Positionen der Minister, die im November 1989 die Regierung bildeten, entwickelt haben und wie herausfordernd auch manchmal die Standpunkte der Minister aus den neuen Parteien und Bewegungen waren, gegenseitige menschliche Achtung blieb gewahrt oder entwickelte sich in kurzer Zeit. Später hat Volkskammerpräsident Günther Maleuda festgestellt: »Die Regierung der Nationalen Verantwortung bewies Kompetenz und konnte die Stabilität im Lande bewahren, auch in der schweren Phase des Übergangs bis zu den Wahlen am 18. März.«

Die nachfolgende Übergaberegierung hatte ihre Krisen, und am Ende kapitulierte sie im Vereinigungsprozeß. Sie hat viele Entscheidungen der Volkskammer aus der Zeit des demokratischen Umbruchs und demokratisch erstrittene Grundsätze des Runden Tisches auf Kosten der Bürgerinnen und Bürger der ehemaligen DDR mißachtet. Viele davon hätten dem größeren, vereinigten Deutschland gut getan. Aber aus der DDR durfte nichts kommen, was sich als wert erwies, im vereinigten Deutschland weiter zu bestehen.

V. Auf der Suche nach Wegen deutsch-deutschen Zusammenlebens

Die DDR hatte außenpolitisch einen festen Platz gefunden. Mit der Aufnahme diplomatischer Beziehungen seit Anfang der siebziger Jahre zu fast allen Staaten der Erde, durch vielfältige Aktivitäten in der Organisation der Vereinten Nationen und konstruktives Mitwirken im KSZE-Prozeß hatte sie sich vielerorts Vertrauen und Anerkennung verschafft.

Davon wurde auch das Bild Erich Honeckers als Staatsoberhaupt geprägt. Auslandsreisen und Begegnungen mit ersten Repräsentanten westlicher Länder stärkten sein Ansehen in der Welt, verleiteten ihn jedoch in zunehmendem Maße zu Fehleinschätzungen der inneren Situation der DDR.

Im Sommer 1989 verlor die DDR-Führung im Zusammenhang mit der großen Ausreisewelle über Ungarn stark an internationalem Ansehen. Im Ausland erwartete man Schritte der beiden deutschen Regierungen zur Veränderung der Situation. Solche Schritte gab es nicht. Es gab lediglich gemeinsame Absprachen und Bemühungen, die Besetzung der BRD-Botschaften in Budapest, Prag und Warschau immer dann zu klären, wenn die Zustände dort für die Menschen ein unerträglichches Maß erreicht hatten.

Die Ereignisse des Herbstes 1989 wurden weltweit mit großer Aufmerksamkeit verfolgt. Die Bildung einer Regierung der großen Koalition und der Fall der Mauer wurden allgemein als ein Schritt zu innerer Stabilität und demokratischen Reformen angesehen. Die Regierung übernahm mit Amtsantritt, wie für alle anderen gesellschaftlichen Bereiche, auch die ihr zustehende Verantwortung in der Außenpolitik, von der die früheren Regierungen fast völlig ausgeschlossen waren.

Bei den Vorbereitungsgesprächen für eine Begegnung zwischen Egon Krenz und Helmut Kohl wurde meine Regierung erstmals voll einbezogen. Als Manfred Gerlach dann amtierender Vorsitzender des Staatsrates war, haben wir die außenpolitischen Aktivitäten gemeinsam besprochen und gestaltet. Gerlach erkannte die Lage und wollte unter keinen Umständen eine Konkurrenzsituation zum Regierungschef, zumal er auch in seiner eigenen Partei nur noch eine schwache Position hatte. Für das Protokoll gab es in dieser Zeit keine Probleme mehr. Jeder von uns beiden ging von der Verantwortung seines Amtes aus. Prestigefragen bewegten uns nicht.

Besonders wichtig und bedeutsam war das Verhalten der vier Großmächte für uns. Ihre Botschafter, besonders der Vertreter der UdSSR, Wjatschislaw Kotschemassow, zeigten sich in dieser Phase interessiert am Erhalt der DDR und bekundeten die Unterstützung ihrer Staaten für unsere Reformbemühungen.

Zum ersten direkten Kontakt mit Michail Gorbatschow kam es am Rande der Tagung des Politischen Beratenden Ausschusses des Warschauer Vertrages Anfang Dezember 1989 in Moskau. Eine Verhandlungspause wurde genutzt, um kurz über die Lage in der DDR zu sprechen. Beide Seiten hielten es für sinnvoll, für den Beginn des Jahres 1990 ein Treffen zwischen uns ins Auge zu fassen. Initiator des Gesprächs mit Gorbatschow war Valentin Falin, Leiter der Internationalen Abteilung im ZK der KPdSU, der sich bereits Ende November in Berlin in einem Gespräch mit Egon Krenz und mir über die aktuelle Lage informiert hatte.

Auch in den Beziehungen zwischen der DDR und der Sowjetunion liefen die Kontakte der UdSSR-Botschaft nun zu mir. Wjatschislaw Kotschemassow war mir als Vorsitzender des Komitees der sowjetischen Jugend aus den frühen fünfziger Jahren in Erinnerung. Bekannt war er mir aus seiner Tätigkeit als Botschaftsrat in der Berliner UdSSR-Vertretung Ende der fünfziger Jahre. Obwohl er – wie ich später erfuhr – mich nicht als einen der möglichen Kandidaten für das Amt des Ministerpräsidenten gesehen hatte, entwickelte sich zwischen uns eine konstruktive Zusammenarbeit. Ich glaube, daß uns gegenseitige Achtung und volles Vertrauen verbunden haben.

Eines der wichtigsten außenpolitischen Ereignisse im Dezember war der Besuch des französischen Präsidenten François Mitterrand in der DDR, der schon seit längerer Zeit vereinbart war. Er sollte noch kurz vor Weihnachten stattfinden. Trotz des Rücktritts von Egon Krenz als Staatsratsvorsitzender sagte die französische Seite den Besuch nicht ab. Die kluge charmante Botschafterin Joëlle Timsit übernahm die Vorbereitungen und sorgte für einen reibungslosen Ablauf des Besuches. Dabei fand sie auch für Sorgen um die Sicherheit des Präsidenten bei uns Verständnis.

Für diese Aufgabe war seit Dezember das Innenministerium verantwortlich. Es war allerdings darauf noch völlig ungenügend vorbereitet. In der Vergangenheit oblagen alle Sicherheitsaufgaben bei einem Staatsbesuch der Staatssicherheit, die sich nun aber schon in Auflösung befand und nicht mehr herangezogen werden konnte. So reiste François Mitterrand mit über fünfzig eigenen Sicherheitsbeamten ein.

Für das Protokoll war natürlich der amtierende Vorsitzende des Staatsrates, Manfred Gerlach, Gastgeber des Präsidenten. Ein Treffen mit dem Ministerpräsidenten wurde auf Wunsch des französischen Gastes vereinbart. Anschließend sollte ein kurzer Abstecher nach Leipzig Eindrücke vom inneren Geschehen in der DDR vermitteln. Die Begegnung mit mir war im Rahmen eines Frühstücks geplant. Ich dachte zunächst, das Treffen würde sehr förmlich ablaufen. Es stellte sich aber schnell heraus, daß Präsident Mitterrand sehr gezielt und konzentriert im Gespräch vorging. Da Anfang Januar das nächste Treffen zwischen ihm und Bundeskanzler Kohl vorgesehen war, wollte er persönliche Eindrücke gewinnen und seine Position offensichtlich überprüfen. So interessierten ihn die Vorstellungen der Regierung der DDR über die Ausgestaltung einer Vertragsgemeinschaft mit der Bundesrepublik, ferner unsere Gedanken über den weiteren Ablauf unseres Reformprozesses sowie unsere Überlegungen dazu, wie bei der

Weiterentwicklung der Beziehungen der beiden deutschen Staaten auch der europäische Prozeß gebührend beachtet werde.

François Mitterrand legte darauf besonderen Wert und betonte, daß die europäische Entwicklung neu gestaltet werden müsse. Dabei seien die Beziehungen der beiden deutschen Staaten von besonderem Gewicht. Zu diesem Zeitpunkt ging Frankreich noch von der weiteren Existenz zweier deutscher Staaten im Rahmen einer sich entfaltenden europäischen Union aus, die bald über die EG hinauswachsen sollte.

Der Besuch des Präsidenten machte die Zielrichtung französischer Politik deutlich, nämlich die Beziehungen zur DDR für die Zukunft auf allen Gebieten zu intensivieren. Vorstellungen über eine rasche Vereinigung der beiden deutschen Staaten waren nicht erkennbar.

Sehr kurzfristig und überraschend kam für uns im Dezember der Wunsch des Außenministers der USA, James Baker, für ein Treffen in Potsdam. Es blieben keine 24 Stunden zur Vorbereitung, und über den Inhalt gab es keine Absprachen. Mit Außenminister Oskar Fischer verständigte ich mich über unsere Interessenlage gegenüber den USA. Uns ging es vor allem darum, uns der Unterstützung der USA für den Reformprozeß und seinen friedlichen Verlauf zu vergewissern. Wir gingen davon aus, daß unsere Beziehungen zur BRD, das Bündnis mit der Sowjetunion und die Neugestaltung der Beziehungen mit den USA unsere Gesprächsthemen sein würden. Durch eine kurze Darstellung des Prozesses der demokratischen Umgestaltung in der DDR wollten wir auf neue Möglichkeiten zur Entwicklung der Beziehungen zwischen unseren beiden Staaten aufmerksam machen.

Der Verlauf des Gesprächs bestätigte, daß dieses Konzept richtig war. Der amerikanische Außenminister wollte viel hören und wenig sagen. Was das Verhältnis der beiden deutschen Staaten betraf, so war zu spüren, daß eine Vertragsgemeinschaft die Zustimmung seiner Regierung fände. Im Interesse der Weiterentwicklung der Beziehungen zwischen den

USA und der DDR wurde von unserer Seite neben der politischen besonders die wirtschaftliche Zusammenarbeit angesprochen. Wir drängten auf die baldige Anwendung der Meistbegünstigungsklausel im Handelsverkehr mit den USA, um auch auf diesem Wege die Bedingungen für die Wirtschaftsreform in der DDR zu verbessern.

James Baker nahm unsere Darlegungen interessiert auf. Er informierte uns darüber, daß Präsident Bush bei seinem Treffen mit Michail Gorbatschow zum Ausdruck gebracht habe, daß er der DDR viel Erfolg bei der Durchführung politischer und wirtschaftlicher Reformen wünsche. Verbindliche Aussagen wurden von Baker jedoch nicht gemacht. Vor der Presse betonte der US-Außenminister die Nützlichkeit der Begegnung und bekundete seine Zufriedenheit über das Treffen.

Großbritannien ließ sich etwas mehr Zeit. Außenminister Douglas Hurd kam zu Beginn des Jahres 1990 in die DDR. Er kam als Gast Oskar Fischers, mit dem ausführliche Gespräche geführt wurden. Bei unserer Begegnung ging es vor allem um die Einschätzung der inneren Lage und die Wertung der sich vollziehenden demokratischen Umwälzung. So freundlich das Gespräch auch war, die abwartende Haltung Großbritanniens, was die Frage der Unterstützung der Reformbemühungen in einer eigenständigen DDR anging, war bei dieser Begegnung nicht zu übersehen.

Anfang des Jahres hatte ich auch ein Telefongespräch mit dem japanischen Premierminister Toshiki Kaifu. Er versicherte, daß Japan den Demokratisierungsprozeß in der DDR unterstütze, und lud mich zu einem offiziellen Besuch seines Landes ein.

Das Treffen in Dresden

Auf dem Wege zu einer Neugestaltung der Beziehungen zwischen den beiden deutschen Staaten hat das Treffen mit Helmut Kohl am 19. Dezember in Dresden einen besonderen Platz.

Helmut Kohl hatte zuvor im Bundestag ohne Abstimmung mit den drei Westmächten ein Zehn-Punkte-Programm vorgetragen, das einen überraschenden Plan zur Vereinigung der beiden deutschen Staaten über einen längeren Zeitraum enthielt. Unser Vorschlag für eine Vertragsgemeinschaft wurde darin aufgegriffen. Damit war eine konkrete Grundlage für Verhandlungen gegeben. Kanzleramtsminister Seiters kam am 5. Dezember nach Berlin, um die letzten Absprachen für das Dresdner Treffen zu führen. Für das Jahr 1990 sollten alle erforderlichen Bedingungen für Reisen der Bürgerinnen und Bürger der DDR in die Bundesrepublik geschaffen werden. Das galt besonders für die finanziellen Voraussetzungen des Reisens, die nur mit Hilfe der Bundesrepublik zu sichern waren. Mit der BRD-Seite wurden deshalb entsprechende Maßnahmen vereinbart. Jeder Bürger sollte pro Jahr Reisezahlungsmittel bis zur Höhe von 200 DM im Umtausch gegen Mark der DDR erhalten. Davon konnten 100 DM im Verhältnis 1:1 und 100 DM im Verhältnis 1:5 umgetauscht werden, womit ein Wechselkurs von 1:3 festgeschrieben wurde. Gegen Ende des Jahres 1989 betrug der schwarze Umtauschkurs zwischen DM und Mark der DDR zwischen 1:15 und 1:10, so daß dieser Schritt auch auf ein allgemeines Absenken des Kurses gerichtet war. Auch die notwendige Pauschale für die Absicherung des Reiseverkehrs und andere Fragen wurden ausgehandelt und vereinbart.

Von Seiten der BRD-Delegation wurde bei diesem Gespräch auch versichert, daß die Vorbereitung des Treffens durch den DDR-Verhandlungspartner Alexander Schalck-Golodkowski exakt erfolgt sei. Die Verhandlungen würden nicht dadurch beeinträchtigt, daß Schalck-Golodkowski die DDR verlassen habe. Diese Position vertrat Kanzleramtsminister Seiters auch vor der Presse.

Der Beratungsort Dresden für das Treffen mit Bundeskanzler Kohl ist auf Bitte der Bonner Regierung festgelegt worden. In die Hauptstadt der DDR Berlin wollte Kohl nicht kommen. Die »Heldenstadt« Leipzig kam für uns nicht in Frage. Auf der

Wartburg sollte das Treffen auch nicht stattfinden. Das schien uns zu symbolträchtig.

Der Ablauf des Dresdner Treffens wurde in seinen Einzelheiten mit Seiters vereinbart. Dabei wurde auch abgesprochen, daß Helmut Kohl Gelegenheit erhalten sollte, auf einer öffentlichen Veranstaltung aufzutreten.

Wir bereiteten für das Treffen unter anderem eine gemeinsame Willenserklärung zur Bildung einer Vertragsgemeinschaft der beiden deutschen Staaten vor und gingen davon aus, daß weitere Begegnungen dazu in kurzer Frist erforderlich seien.

Die Begrüßung des Bundeskanzlers auf dem Dresdner Flugplatz und die Fahrt zum Verhandlungsort »Hotel Bellevue« im Zentrum der Stadt gab Gelegenheit zum persönlichen Kennenlernen. Wir waren beide bemüht, ein gutes Klima für offene Gespräche zu schaffen. So wurde zunächst über ganz persönliche Dinge wie Jugend, Elternhaus, berufliche Entwicklung und politische Tätigkeit gesprochen. Da der Ablauf des Treffens hinreichend geklärt war, mußten wir uns darüber auf der Fahrt nicht noch einmal verständigen.

Es war zu spüren, daß Kohl mit der unbedingten Absicht gekommen war, freundlich zu sein und keinen Konflikt zu schaffen. Vielleicht war es bei Kohl auch ein bißchen Unsicherheit. Jedenfalls zeigte sich Kohl in Dresden aufgeschlossen, nicht abweisend wie bei meinem Gegenbesuch in Bonn.

Die Verhandlungen begannen um zehn Uhr mit einem Gespräch unter vier Augen im Appartement »Ludwig Richter«. Fast zwei Stunden lang haben wir über alle Gesichtspunkte der Weiterentwicklung der Beziehungen der beiden deutschen Staaten gesprochen. Wir erzielten volle Übereinstimmung, eine gemeinsame Willenserklärung über die Gestaltung einer Vertragsgemeinschaft abzugeben. Gleich nach dem Jahreswechsel sollten Verhandlungen darüber auf Ministerebene beginnen. Geduldig hörte sich Kohl meine Forderung an, die BRD solle die Wirtschaft der DDR im Jahr 1990 mit einer Art Lastenausgleich in Höhe von 15 Mrd. DM stützen.

Ich wies darauf hin, daß mit der völligen Öffnung der Grenzen für die Bürger der BRD und West-Berlins infolge des Umtauschkurses sowie bei der noch bestehenden hohen Subventionierung der Waren in der DDR ein starker ökonomischer Druck entstehen werde, den beide Seiten tragen müßten. Einen anderen Teil der Summe hielten wir für erforderlich, um unsere Wirtschaftsreform durch eine rasche Modernisierung der Industrie und Landwirtschaft sowie den Ausbau der Infrastruktur realisieren zu können. Der Bundeskanzler zeigte zu diesem Zeitpunkt grundsätzliches Verständnis für eine solche Position. Er verwies aber darauf, daß der Begriff Lastenausgleich bereits mit den Entschädigungszahlungen der Nachkriegszeit besetzt sei. Statt dessen solle man von einem Solidarbeitrag sprechen. Auf der Pressekonferenz äußerte sich Helmut Kohl ebenfalls im Sinne eines solchen Beitrags. Er lehnte es allerdings ab, ihn in Zusammenhang mit Reparationsleistungen zu bringen, die nach Beendigung des Krieges von der DDR für ganz Deutschland gegenüber der Sowjetunion erbracht wurden. Bekanntlich hat die DDR damals entsprechend international anerkannten Berechnungen insgesamt Reparationen in Höhe von 99,1 Mrd. DM geleistet, die BRD dagegen nur 2,1 Mrd. Außerdem hat die Bundesrepublik durch den Marshall-Plan eine große Unterstützung seitens der USA erfahren.

Der Bundeskanzler hatte im Vorfeld den Wunsch geäußert, auch mit Vertretern der Bürgerbewegung zusammenzukommen. Er versicherte mir, ich sei und bleibe als Ministerpräsident für ihn der verantwortliche Gesprächspartner.

Eine Diskussion entwickelte sich über den Termin der Öffnung der DDR-Grenze für Bundesbürger und Westberliner zur visafreien Einreise in die DDR, der für den 1. Januar 1990 vereinbart war. Jetzt sollten schon zum Weihnachtsfest und zum Jahreswechsel unbelastete Begegnungen in Ost und West ermöglicht werden. So kamen wir überein, daß die visafreie Einreise bereits am 24. Dezember beginnen solle. In diesem Zusammenhang wurde auch die in den vorangegangenen Wochen besonders in den Medien heftig diskutierte Frage der

Öffnung des Brandenburger Tores entschieden. Es wurde vereinbart, das Brandenburger Tor vom 22. Dezember an für Fußgänger zu öffnen.

In der Beratung zwischen beiden Delegationen wurden noch die Berichte der Minister Helmut Haussmann und Gerhard Beil über die Ergebnisse ihrer Verhandlungen zur wirtschaftlichen Zusammenarbeit entgegengenommen und die von ihnen vorbereiteten Dokumente bestätigt. Mit der vorzeitigen Öffnung der Grenze sollte der DDR ein Ausgleich für entstehende Abkäufe und für notwendige Versorgungsleistungen gezahlt werden.

Das internationale Medieninteresse an dem Dresdner Treffen war außerordentlich stark. Die Pressekonferenz zum Abschluß der Gespräche fand deshalb im großen Saal des Kulturpalastes statt. Beide Delegationsleiter gaben eine kurze Erklärung ab. Helmut Kohl bestätigte den konstruktiven Charakter der Gespräche, zeigte Bereitschaft zu einem Solidarbeitrag und unterstrich die Absicht beider Seiten, die Verhandlungen zügig fortzusetzen, um bald zu einem nächsten Treffen zusammenkommen zu können. Ich unterstrich besonders die europäische Dimension einer Vertragsgemeinschaft der beiden deutschen Staaten und verwies nachdrücklich auf die Notwendigkeit eines Solidarbeitrags der Bundesrepublik.

Tatsächlich hat sich Kohl später an fast keine seiner Aussagen von Dresden gehalten. Der Solidarbeitrag ist nicht bezahlt worden und der zugesagte Ausgleich für die vorzeitige visafreie Einreise auch nicht. An Verhandlungen über eine Vertragsgemeinschaft hatte Bonn schon im Januar kein Interesse mehr, und ich war für Kohl bald auch kein verantwortlicher Gesprächspartner mehr.

Der Kurswechsel des Bundeskanzlers ist meiner Ansicht nach durch ein Ereignis nachhaltig bewirkt worden, das nach Ende des offiziellen Programms stattfand: die Kundgebung an der Ruine der Frauenkirche. Zu der Kundgebung ist er nicht von uns aufgefordert worden. Unsere erste Vorstellung war, daß Kohl in der Kreuzkirche reden und dann später an der

Ruine der Frauenkirche einen Kranz niederlegen sollte. Aber die Kirche wollte nicht in dieser Weise eingebunden sein. So entstand die Überlegung, am Ort der Kranzniederlegung ein Podium aufzubauen, von dem aus der Bundeskanzler zu den Bürgern sprechen könne. Auf diese Weise sollte auch verhindert werden, daß es zu Demonstrationszügen durch die Stadt und gar zu neuen Krawallen kam.

Am Abend des 19. Dezember hatten sich aus allen Teilen Sachsens einige zehntausend Menschen an dem Platz eingefunden, wo der Kanzler sprechen sollte. Eine kleine Zahl von Teilnehmern, das habe ich am Fernsehgerät verfolgt, forderte auf Transparenten mutig die Fortsetzung des Prozesses der Demokratisierung und den Bestand der DDR. Die große Mehrheit wollte jedoch die Vereinigung der beiden deutschen Staaten und schwenkte schwarz-rot-goldene Fahnen ohne das DDR-Staatswappen.

Helmut Kohl hielt eine vorsichtig-abgewogene Ansprache, in der er die Zuhörer zu Vernunft und Augenmaß und Sinn für das Mögliche mahnte.

Doch selbst bei so banalen Sätzen wie »Liebe Freunde, in wenigen Tagen, am 1. Januar 1990, beginnen die neunziger Jahre«, wurde er vom frenetischen Beifall seiner Zuhörer unterbrochen, die immer wieder »Deutschland, Deutschland« und »Helmut, Helmut« riefen.

Nach meinem Eindruck hat sich Kohl bereits nach dieser Kundgebung von seiner selbstverkündeten Politik des »Schritt-und-Augenmaßes« verabschiedet und sich für eine Vereinigung im Eilmarsch entschieden. Gewiß hat dazu auch das Erleben der Öffnung des Brandenburger Tores beigetragen.

Der Nachmittag des 22. Dezember 1989 gehört ohne Zweifel zu den vielen historischen Momenten dieser Zeit. Während in Rumänien Nikolae Ceaucescu gestürzt wurde und bei der Beseitigung der Diktatur Menschenleben zu beklagen waren, konnten wir uns nach Wochen unblutiger demokratischer Umwandlung auf einer beeindruckenden Kundgebung im Herzen Berlins treffen. Mit einem Wort der Solidarität mit dem rumänischen Volk erwähnte ich daher die Ereignisse in Rumänien und erklärte, daß diese Stunde Mahnung sei, das Zusammenleben der Deutschen beider Staaten neu zu gestalten. »Nie mehr darf an diesem Tor der Brandgeruch des Krieges wehen«, rief ich den Menschen zu. Helmut Kohl unterstrich den historischen Charakter des Augenblicks. Noch sprach er vom »Augenmaß in den Schritten, die notwendig sind, in eine gemeinsame Zukunft zu gehen«. Auch die Bürgermeister Walter Momper und Erhard Krack ergriffen das Wort. Die Verabredung, uns nach der Veranstaltung noch im Reichstag zu treffen, konnte nicht eingehalten werden, da die Menschenmassen uns in sich aufnahmen und so abdrängten, daß kein Weg mehr zu bahnen war. Es ist geradezu ein Glück, daß es an diesem Tag keine Verletzten gegeben hat. Die Silvesternacht am Brandenburger Tor wurde dagegen zu einem Chaos, kostete ein Menschenopfer und brachte große Zerstörungen, besonders an der Quadriga.

Nach dem Dresdner Treffen war das Tor für vielfältige Begegnungen zwischen Ministern beider Regierungen und Vertretern aus Politik und Wirtschaft weit geöffnet. Wir bemühten uns, die Wirtschaft in den Mittelpunkt der gemeinsamen Aufmerksamkeit zu rücken. Das Mitte Dezember beschlossene Stabilisierungsprogramm sowie die Arbeit an Gesetzen und Verordnungen, die marktwirtschaftliche Prinzipien für den Reformprozeß wirksam machen sollten, erforderten internationale Kooperation und vor allem verstärkte Zusammenarbeit mit der Bundesrepublik. Die 14. Tagung der Volkskammer hat dazu am 11. und 12. Januar in erster und zweiter Lesung bei Änderung der Verfassung eine Verordnung über Gründung und Tätigkeit von Unternehmen mit ausländischer Beteiligung in der DDR beschlossen. Gleichzeitig wurde ein bestehendes Handwerksförderungsgesetz geändert, um wesentlich günstigere Bedingungen für die Entwicklung des Handwerks zu schaffen.

Mit unserer gesetzgeberischen Arbeit verfolgten wir das Ziel, die Wirtschaft der DDR viel stärker noch in die internationale

Arbeitsteilung einzubinden, die Konkurrenzfähigkeit der Erzeugnisse auf westlichen Märkten bei guten Preisen zu verbessern, ohne damit die stabilen Märkte in der Sowjetunion und den anderen Staaten des RGW zu vernachlässigen. Uns war bewußt, daß wir zunächst die enge Zusammenarbeit mit der Bundesrepublik brauchten, um dann auch mit anderen Staaten der EG, mit Japan und vielleicht auch mit den USA neue Schritte gehen zu können.

Wenn uns später vorgehalten wurde, die Gesetze und Verordnungen zur Umgestaltung der Wirtschaft seien halbherzig gewesen, ist dem entgegenzuhalten, daß wir damals von der Gestaltung einer sozialistischen Marktwirtschaft ausgegangen sind. Bei der Begründung der Joint-Venture-Vorlage in der Volkskammer betonte Christa Luft, daß ein Signal für alle Wirtschaftspartner in Ost und West gesetzt werden solle, die an der Wirtschaftsentwicklung in der DDR in ehrlicher Absicht teilnehmen wollten. Als leistungsfähiger Partner in einem europäischen Wirtschaftsverbund werde die DDR aktiv an einer europäischen Friedensregelung mitwirken können.

Die ausländische Kapitalbeteiligung sollte die Dominanz des Volkseigentums nicht beseitigen. Für uns lag darin kein Widerspruch. Wir sahen darin vielmehr die erforderliche Ausgewogenheit zwischen der Förderung des Privateigentums und gleichzeitiger Neugestaltung des Volkseigentums.

Das große Interesse der Wirtschaft der Bundesrepublik, den Weg der Kapitalbeteiligung zu gehen, zeigte sich auf einem Symposium am 13. und 14. Januar 1990 in Rahnsdorf. Vor führenden Vertretern der Wirtschaft der Bundesrepublik – darunter Heinz Ruhnau, Lufthansa; Tyll Necker, BDI; Carl Horst Hahn, VW; Edzard Reuter, Daimler-Benz – sprach Christa Luft über die beabsichtigte Wirtschaftsreform und erläuterte den Stand der Gesetzgebung. Bei einer abendlichen Zusammenkunft wurde mir von Vertretern der Konzerne und der mittelständischen Unternehmen bestätigt, daß unsere Überlegungen eine völlig neue Basis für ein künftiges kooperatives Miteinander darstellten. Um der Gesetzgebung in der

Bundesrepublik weitgehend zu entsprechen, hatten wir den nordrhein-westfälischen Wirtschaftsminister Prof. Dr. Reimut Jochimsen um Konsultationen mit Fachexperten gebeten. Wir wollten eine möglichst weitgehende Anpassung erreichen, um ohne Zeitverzug in größerem Umfang Kapitalbeteiligungen zu ermöglichen.

Am 3. Januar 1990 hatte ich Gelegenheit, mit Prof. Biedenkopf über dasselbe Thema zu sprechen. Er stimmte unserer Absicht zu, in dieser Richtung die Initiative zu ergreifen. Biedenkopf sondierte damals gewiß noch nicht mit der Vorstellung, einmal Ministerpräsident in Sachsen zu werden, und gab auch Rat für die weitere Ausgestaltung der Wirtschaftsreform. Wirtschaftsminister Haussmann war wiederholt zu Gesprächen in der DDR. Als FDP-Politiker war er bestrebt, die Mittel- und Kleinbetriebe in das Zentrum der Aufmerksamkeit zu rücken. Guter Wille sei ihm nicht abgesprochen, aber er hatte keine Konzepte für die aktuelle Situation, geschweige für die Zukunft. Noch im Februar glaubte er, daß mit Hilfe von ERP-Krediten bis Ende 1990 etwa 500 000 neue Arbeitsplätze in Klein- und Mittelbetrieben geschaffen werden könnten. Spätere Versuche, für das Scheitern dieses Konzepts eine angeblich unzureichende Gesetzgebung der Modrow-Regierung verantwortlich zu machen, halten keiner Prüfung stand. Die so viel gepriesene Währungsunion und die Gesetze, die mit dem Einigungsvertrag verbunden waren, haben die Talfahrt der Wirtschaft erst richtig ausgelöst und beschleunigt. Wenn in meiner Regierungszeit gebremst worden wäre, dann hätte es danach doch genügend Zeit und Gelegenheit gegeben, die angezogenen Bremsen zu lösen und die Wirtschaft auf Volldampf zu bringen. Natürlich wirken noch die 40 Jahre DDR nach, und gewiß kann man sie nicht auslöschen. Nur sollte gerechterweise dabei auch gesehen werden, daß die DDR zum Beispiel den 5. Platz in der Welt bei Exporten des Maschinenbaus eingenommen hat.

Hilfe aus alten Bundesländern

Ein erstes Zeichen dafür, daß sich die Bonner Regierung nicht an die in Dresden verabredete Politik halten wollte, erhielt ich am 12. Januar. Während einer Beratungspause der Volkskammer traf ich mit Bundesfinanzminister Theo Waigel zusammen. Der sonst so forsche Minister sagte kaum etwas und zeigte größte Zurückhaltung. Seine einzige Botschaft war, daß es die erhofften Zahlungen aus Bonn an die DDR nicht geben werde. Der Finanzminister durchschaute die Lage nicht. Er sah nicht, daß eine sofortige Investitionshilfe für die DDR eine bestimmte Stabilität hätte einleiten können, die bis heute wirksam geblieben wäre. Andererseits wollte er aber in die Modrow-Regierung keine Mark mehr investieren. Denn inzwischen waren für den 6. Mai freie Wahlen für die Volkskammer angesetzt, und da sollte die Bundesregierung als Retterin aus der Not erscheinen. Nicht einmal der SPD, der damals für die Wahlen die größten Erfolgsaussichten eingeräumt wurden, wollte man einen Obulus mit auf den Weg geben. Waigels Beteuerung, in der Wirtschaft der BRD gebe es eine echte Aufbruchstimmung für private Investitionen in die DDR-Wirtschaft, stimmte schon damals nicht.

In den Ländern der damaligen Bundesrepublik gab es nach den Ereignissen des Herbstes 1989 verstärkt Diskussionen über Zusammenarbeit und Unterstützung für die DDR. Man suchte nach Wegen zu helfen. Und da geschah auch einiges. Die Partnerstadt Hamburg gab Dresden tatkräftige Hilfe, und der Ministerpräsident von Baden-Württemberg, Lothar Späth, richtete seine Aufmerksamkeit auf die sächsische Region. Björn Engholm hat aus Schleswig-Holstein in vielfältiger Weise für Mecklenburg-Vorpommern Unterstützung gegeben.

Doch was damals und vielleicht auch heute noch auf operative Weise zur Lösung des einen oder anderen Problems beigetragen hat, entspricht natürlich nicht den Gesamterfordernissen in den neuen Bundesländern. Das Grundgesetz legt die Gleichheit der Länder fest. Tatsächlich nimmt die Ungleichheit zum Schaden der Bürgerinnen und Bürger der Ex-DDR immer noch zu. »Niemandem in der DDR wird es schlechter gehen«, versprachen im Frühjahr 1990 Bundeskanzler Kohl und Lothar de Maizière. Zum Jahreswechsel bekräftigte Kohl, daß er die Dinge optimistisch sehe und daß in etwa fünf Jahren die soziale Angleichung vollzogen sei. Woran soll man glauben, wenn man die Realität und die Versprechungen des Jahres 1990 miteinander vergleicht?

Zur SPD-Rolle im Vereinigungsprozeß

Die SPD hat sich mit der Vereinigung der beiden deutschen Staaten schwer getan. Nach ihrer Gründung im Osten Deutschlands wirkte sie mit ihrem besonders aktiven, initiativreichen Vertreter Ibrahim Böhme am Runden Tisch mit und hatte noch bis zum Beginn des Jahres 1990 einen beachtlichen Zuspruch. Innere Auseinandersetzungen, die Profilierungssucht einzelner sowie das Fehlen einer politischen Konzeption führten dazu, daß die Partei viele ihrer Anhänger verlor. Das wollte man allerdings in der Leitung der SPD nicht wahrhaben. Noch vor dem 18. März kam Markus Meckel zu uns, um sich über die Tätigkeit der Regierung und über eine mögliche Übernahme des Amtes des Regierungschefs zu informieren sowie Absprachen über Wohnungen und Häuser für die künftige Unterbringung von Ministern zu führen. An unserer Bereitschaft, ihn zu informieren, hat es nicht gemangelt. Was dann fehlte, waren die Stimmen der Wähler.

Da sich dieses Ergebnis bereits Wochen vor den Wahlen abzuzeichnen begann, bat ich Ibrahim Böhme um ein Gespräch. Ich wollte mit ihm über noch bestehende Möglichkeiten der medienseitigen Unterstützung für die SPD beraten, da ich Chancen für ein späteres Zusammenwirken mit der SPD nicht auslassen wollte und davon ausging, daß eine Regierung unter Führung der SPD für den Vereinigungsprozeß günstiger wäre. Der Wahlkampf der Partei blieb jedoch so blaß, daß kaum Hilfe möglich war.

Bei einem Treffen im Januar 1990 bekundete der Parteivorsitzende der SPD, Hans-Jochen Vogel, sein Interesse, der Regierung der DDR bei der Gestaltung der Beziehungen zwischen beiden deutschen Staaten bestimmte Unterstützung zu geben. Daraus leitete ich im Gespräch mit Gorbatschow in Moskau die Überlegung ab, eine etappenweise Vereinigung der beiden Staaten im Rahmen des europäischen Prozesses mit Unterstützung der SPD anzustreben. Wie sich aber bald zeigte, blieb ein solches Engagement der SPD aus.

Später führte dann der Streit in der SPD mit Oskar Lafontaine um den 1. Staatsvertrag schon zur Schwächung der Position des eigenen Bundeskanzler-Kandidaten. Die Teilnahme der SPD an der Regierung de Maizière erwies sich ebenfalls als ein nicht gerade kluger politischer Schritt. Die Krise dieser Regierung war durch den von Bundeskanzler Kohl außerordentlich beschleunigten Vereinigungsprozeß bereits vorprogrammiert. Der Einsatz des sozialdemokratischen Ministers Walter Romberg als unser Vertreter in den Verhandlungen mit der BRD-Seite schlug später durch sein Mitwirken in der Koalitionsregierung de Maizière in unfairer Weise auf ihn zurück. Es kam wohl auch bestimmten Kräften in der SPD fast wie gerufen, daß Ibrahim Böhme mit sehr fadenscheinigen Begründungen den gerade erst übernommenen Vorsitz der Ost-SPD wieder abgeben mußte.

Es konnte also nicht aufgehen, daß man im Osten an der Seite der CDU mitregierte und im Westen eine schwache Opposition gegen die CDU abgab. Die Rechnung dafür ist sehr hoch geworden. Leider läßt die SPD bisher nicht erkennen, ob sie bereit ist, daraus Lehren zu ziehen. In diesem Zusammenhang sei daran erinnert, daß sich vor der Wende die Zusammenarbeit zwischen SPD und SED konstruktiv gestaltete. So kam es zu dem gemeinsamen Papier »Streit der Ideologien« sowie zu wichtigen Initiativen auf dem Abrüstungsgebiet. Es existierte ein weites Feld konstruktiver Zusammenarbeit, das es bedauerlicherweise heute nicht mehr gibt.

Treffen mit Franz Vranitzky

In guter Erinnerung sind mir die Begegnungen mit Österreichs Bundeskanzler Franz Vranitzki. Schon kurz nach der Übernahme meines Amtes besuchte er als erster Regierungschef die DDR. Wir interpretierten den Besuch als Zeichen dafür, daß die neue Regierung der DDR international mit Vertrauen rechnen konnte und daß ihre wirtschaftlichen Beziehungen als solide und ausbaufähig angesehen wurden. Schon die Berliner Gespräche waren von Offenheit in allen Fragen und von der Warmherzigkeit geprägt, die Franz Vranitzki ausstrahlte. Ein Gegenbesuch in Wien wurde vereinbart. Damit wurde unterstrichen, daß Österreich den demokratischen Umbruch in der DDR unterstützte und der DDR im Rahmen der europäischen Entwicklung entsprechende Bedeutung beimaß. Der Weg einer Vertragsgemeinschaft mit der Bundesrepublik fand Interesse und allgemeine Zustimmung.

Bei unserem Treffen am 26. Januar in Wien konnten wir an unsere Begegnung in Berlin anknüpfen und in einem Gespräch unter vier Augen die europäische Situation und die kritische Lage in der DDR erörtern. Wir richteten die gemeinsamen Bemühungen auf den Ausbau der wirtschaftlichen Beziehungen im Jahre 1990 und auf die rasche Entwicklung des Tourismus im visafreien Reiseverkehr.

Aus Wien bin ich mit dem Gefühl abgereist, einen verständnisvollen Partner getroffen zu haben, einen Politiker mit menschlicher Wärme, zu dem ein Verhältnis gegenseitiger Achtung und gegenseitigen Vertrauens bestand.

Weltwirtschaftsforum in Davos

Meine Teilnahme am Weltwirtschaftsforum Anfang Februar in Davos war schon lange zugesagt. Damals ahnten wir noch nicht, wie eng der Zeitplan wurde. Da im Programm ein Forum unter Teilnahme des Präsidenten Polens, der Ministerpräsidenten der CSFR, Bulgariens, Ungarns und der DDR sowie des Bundeskanzlers Österreichs und des Außenministers

Italiens vorgesehen war, hielten wir eine Teilnahme der DDR für politisch notwendig. So reiste ich zusammen mit Karl-Heinz Arnold, meinem Freund, Mitstreiter und Ratgeber dieser Zeit, nach Davos. Es war mein erster Besuch in der Schweiz, auch aus diesem Grunde sehr reizvoll.

Am Rande des Wirtschaftsforums führte ich ein kurzes Gespräch mit Eishiro Saito, dem Präsidenten des japanischen Unternehmerverbandes. Wir vereinbarten ein baldiges Treffen, das dann im April in Tokio stattfand, wo ich auf Einladung der japanischen Fernsehstation NHK war. Es war auch dort mein Bemühen, die japanische Wirtschaft für Kapitalbeteiligung in der DDR zu interessieren.

Das Forum in Davos fand größte Aufmerksamkeit bei den anwesenden Vertretern einflußreicher internationaler Wirtschaftskreise. In dem überfüllten Saal mit mehr als tausend Besuchern gab es eine Diskussion über die Reformprozesse in den osteuropäischen Ländern. Der polnische Präsident Woicjech Jaruzelski legte in seiner Einleitung die komplizierte ökonomische Lage seines Landes dar und forderte die Anwesenden auf, sich für eine neue Weltwirtschaftsordnung einzusetzen. Sie dürfe nicht dazu führen, die Länder noch mehr zu verschulden und ständig wachsende Zinszahlungen aus ihnen zu pressen. Vielmehr müsse sie dazu beitragen, die nationalen Wirtschaften zu stabilisieren. Für Polen machte er eine klare Rechnung auf: das Land war mit über 50 Mrd. Dollar verschuldet. Es hatte in den letzten sechs bis acht Jahren 40 Mrd. Dollar vor allem für Zinsen gezahlt und damit seine Verschuldung kaum reduziert. Eine Veränderung sei nur erreichbar, wenn es zur völligen Streichung der Schulden käme und neue Kredite nur der Modernisierung der Industrie und damit der Gesundung der polnischen Wirtschaft sowie der Herstellung einer wirklichen Partnerschaft zum gegenseitigen Vorteil dienten.

Als die Frage der westlichen Grenze Polens zur Sprache kam, erklärte ich mit aller Entschiedenheit, daß für die Regierung der DDR dieses Problem unumstößlich geklärt sei und daß wir die BRD aufforderten, denselben Standpunkt dazu einzunehmen. Meine persönliche Position habe ich mit dem Hinweis verbunden, daß ich im Dorf Jasenitz, heute Jasenica, geboren sei, in dem inzwischen Kinder und Kindeskinder polnischer Eltern das Licht der Welt erblickt hätten. Sie hätten dort ihre Heimat gefunden. Meine Familie könne und werde keinen Anspruch auf dieses Land jenseits von Oder und Neiße erheben.

Der Ministerpräsident der CSFR, Calfa, zeigte wenig Solidarität mit Jaruzelski, als es um die Frage der Stationierung sowjetischer Streitkräfte in den Ländern des Warschauer Vertrages ging. Während Jaruzelski auf die allgemeine europäische Lage und auf weitere Verhandlungen mit der NATO zur Veränderung der Militärdoktrin verwies und den Abzug der sowjetischen Truppen in den internationalen Zusammenhang rückte, enthielt sich Calfa jeder Polemik und bemerkte lediglich unter Anspielung auf das Jahr 1968 in der CSSR: »Wer in vierundzwanzig Stunden kommt, kann auch in kürzester Frist wieder gehen.«

Bei allem Verständnis für die konkrete Situation in jedem Land kann natürlich ohne Berücksichtigung aller Zusammenhänge sowie der gegenseitigen Interessen die anstehende Veränderung der Nachkriegsordnung in Europa nicht herbeigeführt werden. Wo demokratische Umbrüche zu internationalen Brüchen führen, kann schwerer Schaden für das neu zu gestaltende friedliche europäische Haus entstehen.

Auch aus diesem Grunde war es wichtig, bei aller Belastung und Herausforderung im eigenen Land, die beiden Nachbarstaaten CSFR und Republik Polen zu besuchen. Grundsätzlich abgesprochen hatten wir das bereits Anfang Januar beim RGW-Treffen in Sofia. Es ging nur noch um einen Termin, der für beide Seiten akzeptabel war. Es wurden Arbeitsbesuche ohne jedes Protokoll vereinbart. Und so liefen sie auch ab.

Arbeitsbesuche in der CSFR und in Polen

Am 6. Februar wurde in Prag zunächst im Rahmen der Regierungsdelegationen beraten, auf welcher Basis der Handel für 1990 zu entwickeln ist, wie wir den Tourismus als wichtigen Bereich gutnachbarlicher Beziehungen weiter gewährleisten und ausbauen und wie sich die innere Umwälzung in beiden Staaten in die europäische Entwicklung einordnen wird. Wir gingen davon aus, doch noch für das Jahr 1990 Vereinbarungen und Absprachen treffen zu können, weil uns bis zur Vereinigung noch ein Jahr der Zusammenarbeit blieb.

Die Begegnung mit Präsident Havel war mehr als ein Höflichkeitsbesuch, da wir auch hier besonders über den europäischen Prozeß und über die Verbesserung der nachbarschaftlichen Beziehungen und des kulturellen Austauschs sprachen. Als Autor zeigte sich Václav Havel erfreut über die Aufführung seiner Stücke auf Bühnen der DDR.

Das Gespräch mit dem Präsidenten der Nationalversammlung, Alexander Dubček, hatte einen sehr persönlichen Charakter. Es ging um die im Jahre 1968 verpaßte Möglichkeit einer Reform des Sozialismus. Ich hatte den Eindruck, daß Dubček die Niederlage des realen Sozialismus bewegte, daß sie ihm nicht gleichgültig war. Dabei war sein Blick mehr auf die Vergangenheit mit ihren verpaßten Chancen gerichtet, weniger mit konzeptionellen Gedanken der Zukunft zugewandt. Vielleicht ist dieser Eindruck falsch, vielleicht bin ich ungerecht, weil ich vor allem auf der Suche nach einer Alternative war. Bewundert habe ich die Ausgewogenheit und Toleranz, mit der Dubček über die gerade für ihn persönlich so tragische Vergangenheit gesprochen hat. Dankbar war ich, daß er mir gute Worte für unseren Demokratisierungsprozeß mit auf den Weg gab.

Die Reise nach Warschau trat ich mit innerer Bewegung an. In konfliktreichen, schwierigen Zeiten hatte ich in Polen gute Freunde gefunden.

Im Jahre 1972 war ich dabei, als in Poznan die beiden Ministerpräsidenten Stoph und Cyrankiewicz über die Auswirkungen des visafreien Verkehrs seit der Öffnung der Grenze berieten und bestimmte Regulierungen vereinbarten, um die ökonomische Seite dieser begrüßenswerten Maßnahme unter Kontrolle zu bekommen. Als die Grenze später wieder geschlossen wurde, haben sich die menschlichen Beziehungen zwischen DDR-Deutschen und Polen verschlechtert. Es trieben wieder neue Keime des Nationalismus. Wir wollten mit unserem Besuch in Polen ein klares Bekenntnis zur Oder-Neiße-Grenze ablegen, Fragen der wirtschaftlichen Zusammenarbeit und des Einsatzes polnischer Arbeitskräfte im Grenzgebiet besprechen und insgesamt Zeichen für gutnachbarliche Beziehungen setzen.

Das Zusammentreffen mit Ministerpräsident Tadeusz Mazowiecki hat bei mir einen tiefen Eindruck hinterlassen. Wir kannten natürlich unsere unterschiedlichen Biographien, sahen uns aber auch in der gemeinsamen Verantwortung, die uns in unseren Ländern übertragen worden war. Das ermöglichte uns, sowohl unter vier Augen als auch im Rahmen beider Delegationen die Gespräche in einer offenen und vertrauensvollen Atmosphäre zu führen. Da Medien und internationale Öffentlichkeit diesem Treffen große Aufmerksamkeit schenkten, wurde es gleichzeitig eine Herausforderung für die Regierung der Bundesrepublik Deutschland, ihre Anerkennung der Westgrenze zu Polen durch eine völkerrechtliche Garantie zu untermauern.

Die Begegnung mit Präsident Jaruzelski kann wohl zu Recht als freundschaftlich bezeichnet werden. Es ging nicht nur um die gleichen Themen, sondern auch um die Zukunft. Jaruzelski machte keinen Hehl daraus, daß noch im Jahre 1990 ein neuer Präsident sein Amt übernehmen werde.

Bei einem Meinungsaustausch mit Professor Geremetz und Abgeordneten aller Fraktionen war zu spüren, daß eine große Unsicherheit in der Beurteilung der inneren Entwicklung der DDR und über die Zukunft der Beziehungen mit den Deutschen herrschte.

Auf der Fahrt zum Flugplatz führte ich mit Ministerpräsident Mazowiecki unter dem Eindruck der Begegnungen ein sehr persönliches Gespräch. Wir machten uns auch nichts vor über die Ungewißheiten der politischen Zukunft. Unser Wunsch war es, den menschlichen Kontakt, den wir in unserer Begegnung gefunden hatten, nicht zu verlieren, unabhängig von unserer späteren Tätigkeit.

Es müssen wohl die persönlichen Erlebnisse in Warschau gewesen sein, die auf dem Rückflug Walter Romberg bewogen haben, mir das kameradschaftliche Du anzubieten. Auch darin spiegelt sich das Klima in unserer Regierung wider.

Die Beziehungen zwischen den beiden Teilen Berlins

Sowohl die angestrebte Vertragsgemeinschaft als auch der später eingeleitete Prozeß der Vereinigung verlangten von der Regierung der DDR Schritte für die Gestaltung der Beziehungen zwischen dem Ostteil Berlins, der Hauptstadt der DDR, und West-Berlin. Die Kontakte zwischen den beiden Bürgermeistern Erhard Krack und Walter Momper entwickelten sich frühzeitig mit der Wende. Für Walter Momper, der sich wiederholt mit Erich Honecker getroffen hatte und der auch Teilnehmer bei Treffen zwischen SPD und SED war, gab es in dieser Zeit keine Berührungsängste. Da es galt, bei Gesprächen auf staatlicher Ebene den internationalen Status West-Berlins zu beachten, waren auch stets Vertreter des DDR-Außenministeriums einbezogen. Sie bereiteten auch meine Treffen mit Walter Momper vor.

Wir ließen uns dabei von den Erfordernissen leiten, die infolge der Grenzöffnung für beide Teile der Stadt entstanden waren. Das Umfeld der Bezirke Potsdam und Frankfurt/Oder wurde schon frühzeitig einbezogen. Manche Regelungen haben sich nicht nur im Sommer 1990 bewährt, sondern waren bereits eine gewisse Vorarbeit für die Beziehungen zwischen Berlin und dem Land Brandenburg. Die Bildung eines Regierungsausschusses, in dem Berlin und die beiden Bezirke Potsdam und Frankfurt mitarbeiten, lief zuerst etwas schwer an, hat sich aber insgesamt bewährt. Als richtig haben sich auch die Bemühungen erwiesen, die gewählten parlamentarischen Gremien einzubeziehen, um die Dinge nicht allein den Administrationen zu überlassen.

Mit Walter Momper konnte in dieser Zeit noch offen über die Lage gesprochen werden. Dabei ging es auch um die Chancen für die SPD in West und Ost. Der spätere Kurs des Senats und auch manche Position, die Walter Momper – so bei der Räumung der Häuser in der Mainzer Straße – einnahm, zeugten dann nicht mehr von Toleranz und Ausgewogenheit in der Kommunalpolitik und haben in Berlin zu der empfindlichen Wahlniederlage der SPD beigetragen.

Matthiae-Mahl in Hamburg

Ein Ereignis von damals sei noch erwähnt. Für die größeren Zusammenhänge dieser Zeit ist es eine Sache am Rande. Für mich persönlich war es ein schönes und in seiner Art einmaliges Erlebnis.

Der Bürgermeister der Freien und Hansestadt Hamburg, Henning Voscherau, hatte mich als einen der Redner zum Matthiae-Festmahl nach Hamburg eingeladen. Dieses wohl traditionsreichste Essen der Welt wird seit 1356 veranstaltet. Gäste sind die Mitglieder des Senats, Vertreter der Hamburg freundlich gesinnten Mächte, Bürger und Inhaber hoher Stadtämter. So war es auch am 23. Februar 1990. An der Tafel versammelten sich wohl an die tausend Gäste. Als Redner waren Bürgermeister Voscherau, der Präsident des Bundesverbandes Deutscher Banken, Wolfgang Röller, und der Ministerpräsident der DDR, Hans Modrow, vorgesehen.

Die Freien Demokraten der Stadt Hamburg hatten im Vorfeld des Treffens dagegen opponiert, daß ich als Vertreter der Hamburg wohlgesinnten Mächte auftreten sollte. Hamburgs Bürgermeister und die Öffentlichkeit der Stadt spielten dabei nicht mit, und es blieb bei der Einladung und der Tischrede.

In Anspielung auf den Prozeß der Vereinigung der beiden

deutschen Staaten sagte ich damals: »Für das Aufeinanderzuge-
hen brauchen wir eine vernünftige Dramaturgie, damit kein
Drama daraus wird. Doch mit Ängsten wollen wir der Ver-
mählung von West und Ost nicht entgegensehen, eher mit
gesunder Neugier. Fragen Sie mich nun bitte nicht, wer da der
Bräutigam sein wird und wer die Braut. Sollte die DDR der
zartere Teil sein, möchte ich doch um hochanständige Behandlung bitten.«

Wie sich später zeigen sollte, ist es nicht zu einer solchen
Behandlung gekommen.

Die Vereinigung der beiden deutschen Staaten wurde durch
den Beitritt nach Artikel 23 vollzogen, gestaltet ist sie aber
noch lange nicht. Ohne Toleranz und gegenseitige Achtung –
wie von Bundespräsident Richard von Weizsäcker gefordert –
wird dieser Prozeß nicht nur sehr lange dauern, sondern auch
viele Spuren menschlichen Leids, Mißtrauen und Unverständ-
nis hinterlassen. So bleibt die Suche nach Wegen für das
deutsch-deutsche Zusammenleben weiter bestehen.

VI. Die Initiative »Deutschland, einig Vaterland«

Die Geschichte des geteilten Deutschland ist auch die Geschichte des Zusammenlebens der beiden deutschen Staaten und der Bemühungen um ihre Vereinigung.

Da die Spaltung Deutschlands vor allem etwas mit den Siegermächten des Zweiten Weltkrieges zu tun hat, ergaben sich die Grenzen zwischen beiden deutschen Staaten aus den entsprechenden Grenzen der Besatzungszonen. Die innere Entwicklung beider deutscher Staaten war zugleich eine Widerspiegelung der gesellschaftlichen Verhältnisse in den Ländern der jeweiligen Besatzungsmächte. In den fünfziger Jahren wurden in der DDR und der BRD in hohem Tempo die jeweiligen gesellschaftlichen Strukturen ausgebildet und gefestigt, das Auseinanderleben zwischen beiden Teilen beschleunigt. In der DDR wurde im Sommer 1952 der Übergang zum Aufbau des Sozialismus verkündet und damit der 17. Juni 1953 in gewisser Weise vorprogrammiert. Denn der dadurch erzeugte Druck erzeugte Gegendruck. Widerstand kam besonders von den Arbeitern, die eigentlich die feste Basis des Staates der Arbeiter und Bauern sein sollten.

In der Zeit danach sollte die Losung »Deutsche an einen Tisch« bewirken, daß weniger Menschen über die offene Grenze die DDR verließen und daß die Bundesrepublik zu einem neuen Verhältnis zur DDR findet. Damals wurde in der BRD erst die FDJ, fünf Jahre später die KPD verboten. Bundeskanzler Adenauer perfektionierte seine antikommunistische Politik. Die Zeit des Kalten Krieges verschärfte die innere Lage in und zwischen beiden deutschen Staaten und setzte mit dem August 1961 neue Zeichen.

Wie Dokumente beweisen, gab es beim Übergang zu den siebziger Jahren neue Auseinandersetzungen um die Frage, wie die Beziehungen zwischen beiden deutschen Staaten gestaltet werden sollten. Willy Brandt und Egon Bahr formulierten die neue Ostpolitik der SPD. Walter Ulbricht sah darin eine Chance, die er nutzen wollte. Breschnew und Honecker zeigten sich mißtrauisch gegenüber der angestrebten Entwicklung und blockierten sie zunächst.

Nach dem Rücktritt Walter Ulbrichts ging Honecker auf den Kurs der neuen Ostpolitik ein, ohne den es weder zum West-Berlin-Abkommen noch zur Konferenz von Helsinki gekommen wäre. Mit dieser Entwicklung hat aber auch die Zweistaatlichkeit eine entscheidende Festigung erfahren. Die DDR wurde kurz nach dem West-Berlin-Abkommen in die UNO aufgenommen und weltweit diplomatisch anerkannt. Ich hielt mich im Mai 1972 in Japan auf, um Gespräche über die Herstellung diplomatischer Beziehungen zwischen der DDR und Japan zu führen, was dann im Mai 1973 vollzogen wurde.

Später unternahm Erich Honecker viele Reisen ins Ausland, zahlreiche hoch- und höchstrangige Besucher kamen in die DDR. Der Staatsbesuch in der Bundesrepublik im Sommer 1987 war für Erich Honecker wohl der Höhepunkt seines außenpolitischen Wirkens. Das in den Medien der Bundesrepublik immer wieder beschriebene »Schlangestehen von Bundespolitikern aus allen Parteien bei Honecker« hat den Realitätssinn bei ihm, aber auch auf der anderen Seite stark getrübt.

In der zweiten Hälfte der achtziger Jahre hatte ich häufig Gelegenheit, mit Politikern und in einzelnen Fällen mit westlichen Journalisten zu sprechen. Es war mein Bemühen, ein realistisches Bild der DDR und ihrer inneren Zwänge zu geben, weil ich meinte, daß die Schönfärberei nach innen und nach außen uns hinderte, eine realistische Politik zu betreiben. Das hatte allerdings zur Folge, daß es in der Berliner Parteizentrale hieß: »Außenpolitik wird nicht in Dresden gemacht.« Wünsche von akkreditierten Korrespondenten, Gespräche mit mir zu führen, wurden meist abgewiesen. Begegnungen von Politikern der BRD und anderer Staaten mit mir wurde nur zugestimmt, wenn sie ausdrücklich darum gebeten hatten. In Besuchsprogramme für auswärtige Politiker wurde Dresden sonst nicht mehr aufgenommen.

Eigentlich zeugte dieses Verhalten schon von der wachsenden Unsicherheit Erich Honeckers und der Parteiführung, die sich aber immer wieder am internationalen Ansehen der DDR aufrichteten. In den Berichten des Politbüros an die Tagungen des ZK wurden detailliert die außenpolitischen Aktivitäten jedes einzelnen Politbüro-Mitglieds oder -Kandidaten aufgezählt. Und alle legten größten Wert darauf, dabei zu sein. Auch dieses Zeremoniell bekam mehr und mehr eine Verdrängungsfunktion. Man konnte sich selber über die immer schwieriger werdenden inneren Probleme hinwegtäuschen.

Da die Geschichte ihre objektiven Seiten behält, lohnt sich kein Streit über die Lebensberechtigung der DDR. Sie war in der Zeit des Kalten Krieges und in der Periode der Entspannung ein Faktor, der in bestimmter Weise Elemente der Ausgewogenheit und des Ausgleichs in die internationale Politik getragen hat. Die Lebenschancen der DDR waren an Umstände gebunden, die nicht tragfähig blieben. Das Schicksal des »realen Sozialismus« wurde auch entscheidend für ihre Existenz. Mit ausschlaggebend war der Wunsch vieler Menschen in der DDR, so zu leben wie in der BRD, ohne dabei zugleich die sozialen Sicherheiten der DDR zu verlieren. Solange die Grenzen geschlossen waren, haben Hunderttausende die DDR verlassen. Allerdings setzt sich die Abwanderung aus dem Osten bei offener Grenze im vereinigten Deutschland bis heute fort.

Das erste umfassende Angebot für die Entwicklung der Beziehungen zwischen der DDR und der BRD habe ich in meiner Regierungserklärung vor der Volkskammer am 17. November mit dem Vorschlag für eine Vertragsgemeinschaft unterbreitet. In der Debatte des Parlaments wurde durch den Abgeordneten Günther Hartmann bereits darauf verwiesen, daß diese Gemeinschaft mit dem Blick auf eine künftige Konföderation der beiden Staaten gestaltet werden sollte. Diese Gedanken griff Helmut Kohl in seinem dem Bundestag am 28. November unterbreiteten Zehn-Punkte-Programm auf. Durch die Kritik daran sah sich Kohl veranlaßt zu erklären, es ginge dabei nicht um einen Fahrplan. Bewußt sei auf jegliche Terminvorgaben verzichtet worden, es gebe auch keine festgelegte Reihenfolge der Schritte. Seine Vorschläge sollten weder Zeitdruck erzeugen noch Vorbedingungen darstellen.

Vertragsgemeinschaft und daraus erwachsende Konföderation waren daher auch die Hauptpunkte unserer gemeinsamen Willenserklärung von Dresden.

Diese beiden Positionen legte Bonn auf diplomatischem Wege auch gegenüber der Sowjetunion im Dezember 1989 dar. Dabei wurde die Bedeutung der Wirtschaftsgemeinschaft betont, von einer Währungsunion war noch keine Rede.

Die Regierung der DDR hielt sich an die in Dresden vereinbarte Willenserklärung und bereitete einen Vertragsentwurf über Zusammenarbeit und gute Nachbarschaft zwischen der DDR und der BRD vor (s. Anlage 4). Von seiten der Bundesrepublik hat es dazu nach Dresden wohl keine Initiativen mehr gegeben. Auf jeden Fall gab es auf die Übergabe unseres Vertragsentwurfs an Kanzleramtsminister Seiters am 25. Januar aus Bonn keine Reaktion.

Das veranlaßte uns, ausgehend von der Analyse der politischen Situation im Lande, die notwendigen Schlußfolgerungen zu ziehen und Schritte zu unternehmen, um gemeinsam mit dem Runden Tisch die Stabilität der DDR zu gewährleisten. Gleichzeitig nahmen wir die Erarbeitung eines strategischen Konzepts in Angriff, das sich für uns aus der europäischen Entwicklung und der Gestaltung der Beziehungen zwischen der DDR und der BRD ableitete und das schließlich zu meiner Initiative »Deutschland, einig Vaterland« führte.

Im November 1989 konnten wir noch davon ausgehen, daß es eine sozialistische Zukunft für die DDR geben könne. Da war der Vorschlag einer Vertragsgemeinschaft schon ein großer

Schritt. Als der NDPD-Abgeordnete Hartmann dann in der Debatte über meine Regierungserklärung die Frage einer deutschen Konföderation anschnitt, reagierte die sowjetische Seite darauf irritiert. Ende November gab es eine Diskussion in der sowjetischen Botschaft, an der noch Krenz teilnahm, wo Falin bereits im Unterschied zur sowjetischen Führung philosophierend auf die Frage der Einheit einging. Das war keine Diskussion, in der Verbindliches festgelegt wurde. Aber es war für mich ein Ausgangspunkt. Hinzu kam, daß auch in den anderen bisher sozialistischen Staaten eine »Wende« eintrat. Was im Januar auf der RGW-Tagung noch über die Zukunft dieser Wirtschaftsgemeinschaft gesagt wurde, war mit soviel Illusionen verbunden, die einfach in keinem dieser Länder volkswirtschaftlich zu tragen waren. Was bisher noch wie ein Bündnis ausgesehen hatte, war nicht zu halten. Meine Schlußfolgerung war, und dafür bin ich damals aus den eigenen Reihen angefeindet worden, daß für uns nur die Orientierung auf die Bundesrepublik eine reale Alternative war. Die Diskussionen am Runden Tisch im Januar zeigten mir, daß diese Kräfte durchaus an einer zeitweiligen Stabilisierung der DDR interessiert waren, sonst hätte man sich schließlich nicht an die Ausarbeitung einer neuen Verfassung gemacht. Wir betrachteten es daher als notwendig, die Stabilisierung der DDR mit einer stufenweisen Vereinigung der beiden deutschen Staaten zu verbinden. Die Initiative »Deutschland, einig Vaterland« war also kein Abrücken von dem Vorschlag der Vertragsgemeinschaft, sondern dessen konsequente Weiterentwicklung.

So mußte sich das mit Michail Gorbatschow vereinbarte Treffen trotz der uns sehr bewegenden Probleme bei der wirtschaftlichen Kooperation zwischen der DDR und der Sowjetunion vor allem auf die deutsche Frage und ihre künftige Gestaltung konzentrieren. Die Vorbereitung des Treffens erfolgte intensiv in Besprechungen mit dem sowjetischen Botschafter Kotschemassow und seinem Berater Toropow.

Wir betrachteten es als notwendig, die Bundesregierung an die Dresdner Willenserklärung zu binden und zugleich darüber hinaus eine Initiative zu ergreifen, die eine stufenweise Vereinigung und deren feste Verankerung im europäischen Prozeß gewährleisten sollte. Auf dem Flug nach Moskau haben wir den Entwurf dieser Initiative noch einmal beraten und geändert. Zwei Stunden gemeinsam im Flugzeug, das war für uns eine wichtige Zeit, die wir nutzen mußten, um unser Konzept noch einmal durchzuarbeiten. Man übersieht heute leicht, daß für uns die Zeiträume, in denen wir solche Entscheidungen gründlich beraten konnten, minimal waren. Denn unsere einzige Aufgabe bestand doch nicht, wie manche meinen, darin, die Staatssicherheit aufzulösen. Das Land mußte regiert und die Wirtschaft am Leben erhalten werden.

Über Nacht wurde die Neufassung ins Russische übersetzt, damit sie bereits Gegenstand der Verhandlungen am Vormittag sein konnte. Das Treffen am 30. Januar fand im Arbeitszimmer des Generalsekretärs im Gebäude des ZK der KPdSU statt. Es nahmen daran der Vorsitzende des Ministerrates Ryshkow, Außenminister Schewardnadse und Valentin Falin teil. Noch vor dem Gespräch wurde Gorbatschow von Journalisten gefragt, mit welcher Position zur deutschen Frage er in dieses Treffen gehen würde. Ohne Umschweife erklärte Gorbatschow hier bereits, daß die Sowjetunion das Recht der Deutschen auf Selbstbestimmung achten würde. Ein erstes Signal war damit bereits gesetzt.

Regierungsverhandlungen in der Breschnew-Zeit sahen so aus, daß man vorbereitete Texte verlas und dann wieder nach Hause fuhr. Ganz anders war es bei Gorbatschow. Da entstand sofort ein herzliches persönliches, aber auch ein konstruktives Arbeitsklima, wo am Ende mehr war, als man vorher in den Papieren untereinander ausgetauscht hatte. Ich habe nie erlebt, daß Gorbatschow wie eine Majestät dasitzt, sondern daß er über den Tisch zu diskutieren beginnt, zuhört, bereit ist, seinen eigenen Gedankengang zu ändern und nicht darauf aus ist, ein vorgefaßtes Konzept durchzusetzen. Gorbatschow ist für mich ein Mensch, der wirklich in großen Maßstäben denkt, der ein sehr komplexes Denken hat. Er kann Menschen für seine Anschauungen gewinnen, kann integrieren. Aber – hier muß ich mein Urteil differenzieren – er ist in bestimmten Situationen kein sehr entschlossener Mann. Er braucht um sich Leute, die ihn im Prinzip zu Entscheidungen drängen.

Und leider ist er auch nicht der Mann, der wirtschaftliche Probleme tief durchdringt.

Es war bei unseren Beratungen über Wirtschaftsfragen zu spüren, daß er diesen Teil immer aussparte und an seinen Ministerpräsidenten Ryshkow verwies. Da hat er sich überhaupt nicht festgelegt und keine Vorgabe gemacht, die Ryshkow dann verbindlich auszuführen hatte. Auf diese Weise sind wir in der Frage der Erdöllieferungen an die DDR auch nicht weitergekommen.

Gorbatschow betonte, daß der Besuch in einer Zeit intensiven Nachdenkens, großer Sorgen und Hoffnungen stattfinde. Alle Regierungen, besonders in Europa, seien in einer sehr komplizierten Lage. Es müßten Prozesse eingeschätzt und Entscheidungen getroffen werden, die weit über unsere Zeit hinausreichten. Vieles hätte man schon früher tun müssen. Aber darüber zu klagen helfe nicht weiter.

Auf die Frage eines Korrespondenten zurückkommend erklärte er, es sei nicht so, daß die Sowjetunion gegenüber dem deutschen Vereinigungsprozeß eine gewisse Zurückhaltung an den Tag gelegt habe. Die sowjetische Position komme der Frankreichs und Englands nahe. In der UdSSR verfolge man die Haltung Kohls mit Aufmerksamkeit. Kohl betone zwar, daß er sich über den Fortgang des Reformprozesses in der DDR Sorgen mache, aber zu dessen Unterstützung geschehe von Bonner Seite nichts. Kohl scheine es gegenwärtig darauf anzulegen, daß sich die Destabilisierung fortsetze und er selbst erst nach den Wahlen für eine neue Regierung wirksam einzugreifen brauche.

Gorbatschow ging aber noch davon aus, daß sich eine Mehrheit der Bevölkerung bei den Wahlen am 18. März für die weitere Existenz der DDR aussprechen werde und daß die SPD die größeren Chancen habe.

Ich war bemüht, eine realistische Einschätzung der Lage in

der DDR zu geben, und erläuterte jene Fakten und Prozesse, die zur Bildung einer Regierung der Nationalen Verantwortung und zu dem Vorschlag geführt haben, die Wahlen zur Volkskammer auf März vorzuziehen. Gorbatschow zeigte sich stark beeindruckt von der außerordentlich komplizierten Lage in der DDR. Ob es uns gefalle oder nicht, so Gorbatschow, nur wenn wir die Dinge realistisch betrachteten, könnten wir eine wirksame Politik betreiben.

Jedes Ausweichen vor den realen Problemen schaffe sofort ein Vakuum, stifte Verwirrungen, und gerade das gelte es in der DDR zu verhindern. Die Besonderheit in der DDR bestehe im Unterschied zu Polen und Rumänien darin, daß es zwei deutsche Staaten und ein geteiltes Volk gebe. Die jahrelange Teilung, die Schwierigkeiten im Umgang der beiden Staaten miteinander und die angestauten Probleme hätten zu gewaltigen Emotionen geführt. Mit Besorgnis sehe man, daß bestimmte Kräfte der BRD die Prozesse in der DDR stimulieren, woraus auch für ganz Europa eine schwierige Situation erwachsen könne. Nach Informationen der sowjetischen Regierung stünden viele Geschäftskreise dieser Entwicklung skeptisch gegenüber, fürchteten, ebenso wie das Volk später für die Folgen einer solchen Politik aufkommen zu müssen.

Man werde dem westdeutschen Bundeskanzler — so Gorbatschow — sehr eindeutig sagen, daß alle Versuche, die DDR zu destabilisieren, fehl am Platze seien. Sie könnten auf die BRD zurückschlagen und negative Folgen für alle in Europa haben. Man müsse auch in Bonn begreifen, daß in dieser bedeutsamen Zeit keine Vertrauenskrise dadurch entstehen dürfe, daß eine Seite Aktionen unternehme, die die bisherigen politischen Vereinbarungen in Frage stellten. Die Sowjetunion werde ihre Möglichkeiten dafür auch im Kontakt mit anderen Partnern nutzen.

Der von mir unterbreitete Vorschlag, den Prozeß der Vereinigung der beiden deutschen Staaten stufenweise durchzuführen und zunächst einen Vertrag über Zusammenarbeit und gute Nachbarschaft abzuschließen, der bereits konföderative Elemente enthielt, sei eine Erneuerung und Aktivierung der bisherigen Position. Auch die weiteren Schritte dieser Initiative, von einer Konföderation zum Bundesstaat, seien aus sowjetischer Sicht gut durchdacht.

Gorbatschow bekannte offen, ähnliche Überlegungen habe man vor einigen Tagen selbst erörtert, daher komme seine spontane, positive Zustimmung. Es müsse versucht werden, alle weiteren Schritte zwischen den vier Großmächten, möglichst auf höchster Ebene, zu beraten. Erforderlich sei eine Absichtserklärung, die DDR und ihre Interessen in diesen ganzen Prozeß einzubinden. In der Frage des zukünftigen Status des vereinten Deutschland hat Gorbatschow zunächst die Forderung nach einem Austritt aus der NATO und militärischer Neutralität erhoben. Das war, wie das unter Diplomaten üblich ist, eine Maximalforderung, von der man zwar nicht annimmt, daß sie voll erfüllt wird, die aber Grundlage für einen Kompromiß bilden kann. Gorbatschow hatte damals aus seinen internationalen Kontakten mit Politikern aus Großbritannien und Frankreich die Vorstellung entwickelt, daß das gemeinsame europäische Haus, an dem er baute, die Bündnisse zusammen mit einer Reform der NATO, praktisch zu dem vorgegebenen Ziel der Neutralisierung Deutschlands führen werde. Die sowjetische Seite lebte damals noch mit der Vorstellung, durch einen Friedensvertrag den europäischen Prozeß zu begleiten, ihn sozusagen völkerrechtlich mitzugestalten. Nur hat sich die Sowjetunion in den späteren Verhandlungen davon weit entfernt und hat selbst die Ausdehnung der NATO auf die ehemalige DDR akzeptiert.

Wenige Tage später besuchte Bundeskanzler Kohl Moskau. Die Grundhaltung der Sowjetunion zur Vereinigung der beiden deutschen Staaten war zu diesem Zeitpunkt bereits geklärt. Wie die Vereinigung dann später ablief, entsprach aber wohl nicht dem Inhalt beider Gespräche.

In der Frage der militärischen Neutralität stand man bereits auf einer anderen Position, und auch der Ablauf der 2 + 4-Verhandlungen und ihre Ergebnisse blieben hinter dem Erfordernis zurück, die Interessen der DDR und ihrer Bürgerinnen und Bürger auf der Grundlage des Potsdamer Abkommens gebührend zu beachten. Diese Schwächen decken sich mit großen Mängeln im Einigungsvertrag, die noch für Jahre den Vereinigungsprozeß belasten werden.

Wir haben mit Michail Gorbatschow auch über Varianten gesprochen, wie man mit der Initiative zur deutschen Vereinigung an die Öffentlichkeit treten sollte. Da wir noch einen Tag der gegenseitigen Konsultation und des Nachdenkens für erforderlich hielten, war es nicht möglich, schon in Moskau die zum Abschluß des Besuches vorgesehene Pressekonferenz dafür zu nutzen. Andererseits wollten wir angesichts der Lage keinen Zeitverzug.

Deshalb konnte ich auch nicht bis zur offiziellen Bildung der Regierung der Nationalen Verantwortung, d. h. bis zur Bestätigung durch die Volkskammer am 5. Februar warten. Der Runde Tisch wiederum war als das demokratische Gremium der Parteien und Bewegungen nicht das geeignete Forum für eine Initiative des Ministerpräsidenten. So habe ich mich dafür entschieden, meine Initiative zur Vereinigung auf einer Pressekonferenz am 1. Februar 1990 der internationalen Öffentlichkeit vorzustellen (s. Anlagen 5 und 6). Wie erwartet, konzentrierten sich die Fragen auf der Pressekonferenz bereits sehr stark auf die militärische Neutralität. Ich verwies darauf, daß dieser Gedanke als ein Dialogangebot zu verstehen sei. Dabei müsse jedoch bedacht werden, daß im Rahmen einer Konföderation die Grenzen zwischen der DDR und der BRD aufhörten, Trennlinien der beiden Militärblöcke mit allen daraus resultierenden Folgen zu sein.

Das Argument, ein militärisch neutrales Deutschland sei die gefährlichste Lösung, da keine Einbindung des vereinten Deutschlands in ein Bündnis gegeben sei, ist heute nur ein Teil der Wahrheit. Der Warschauer Vertrag hat sich praktisch schon aufgelöst, aber die Vereinigung der beiden deutschen Staaten hat bis jetzt keine entscheidenden Zeichen für einen militärischen Wandel der NATO gebracht. Grundlegende

Schritte für ein politisches Bündnis anstelle eines militärischen Paktes sind nicht zu erkennen. Die Charta von Paris ist zwar ein Fortschritt, aber der KSZE-Prozeß braucht wesentlich stärkere Impulse, wenn er zur Auflösung der militärischen Blöcke und zur Überwindung des Blockdenkens führen soll.

Die internationale Öffentlichkeit wertete die Initiative vom 1. Februar überwiegend als konstruktiven Ansatz für den Weg zu einem einheitlichen Deutschland. Kritik an meiner Initiative und Enttäuschung darüber gab es unter den eigenen Anhängern, in Kreisen der Bürgerbewegung, in den Medien, selbst in der eigenen Familie. Es wurde vor allem die Frage gestellt, ob damit nicht der DDR der letzte Stoß versetzt worden sei. Andere sprachen von der Flucht nach vorn, gegen das eigene Gewissen oder wider besseres Wissen. Was damals schwer zu begründen war, hat der Verlauf der Geschichte bestätigt. Die Vereinigung der beiden deutschen Staaten stand schon auf der Tagesordnung. Deshalb konnte die Initiative keine Flucht nach vorn sein, es ging vielmehr darum, nicht hinter der Entwicklung zurückzubleiben.

Auch eine Dolchstoßlegende läßt sich aus dieser Initiative nicht ableiten. Die DDR hätte aus eigener Kraft noch das Jahr 1991 erreichen können. Eine etappenweise Vereinigung der beiden deutschen Staaten, wie sie mit der Initiative »Deutschland, einig Vaterland« vorgeschlagen wurde, hätte bei gemeinsamem Handeln beider Staaten wohl zwei Jahre in Anspruch genommen. Diese zwei Jahre hätten es nicht nur ermöglicht, die Vereinigung behutsam, geordnet, mit viel weniger negativen sozialen Folgen für die Bewohner der DDR zu gestalten. Sie hätten auch die Bürgerrechtsbewegungen in die Lage versetzt, ihre Positionen zu stärken und gemeinsam mit anderen Kräften der demokratischen Erneuerung wichtige Ergebnisse des Herbstes 89 in die deutsche Vereinigung einzubringen.

Die Idee des schrittweisen Übergangs zur Einheit ist in Bonner Regierungskreisen natürlich auf schärfsten Widerspruch gestoßen und wurde auch von der SPD nicht mehr unterstützt. Das Wort vom »einig Vaterland« — der Nationalhymne der

DDR mit dem Text von Johannes R. Becher entnommen — bedeutete kein Zurückweichen vor einer nationalistischen Welle, die damals aufkam und sich heute noch hält. Natürlich lassen die Probleme und Konflikte der Vereinigung kritische Betrachtungen dieses Prozesses zu und fordern sie immer wieder heraus. Helmut Kohl hat die Basis seines Zehn-Punkte-Planes schon nach seinem Besuch in Dresden im Dezember 89 wieder verlassen und auf die rasche Vereinigung gesetzt. Eine neue Konzeption dafür wurde jedoch nicht geschaffen.

Heute ist natürlich nichts mehr zurückzunehmen, und die Talsohle mit tiefen sozialen Konflikten muß von den Bürgern der ehemaligen DDR durchschritten werden. Welche Tiefe sie erreicht und wer vor allem die Betroffenen sind, wird im wesentlichen durch die Politik der Bundesregierung bestimmt. Nur wenn nationale Verantwortung vor Parteiinteressen tritt und nicht die Gewinne der Konzerne vor die sozialen Belange gestellt werden, wenn sich alle demokratischen und oppositionellen Kräfte auf ihre Möglichkeiten besinnen, die Interessen der Arbeitnehmer, der Jugend und der Alten wahrzunehmen, kann das Westgefälle im vereinigten Deutschland überwunden werden.

VII. Der letzte Versuch

Mein Besuch in Moskau und die nachfolgende Begegnung Helmut Kohls mit Michail Gorbatschow waren für uns die politische Grundlage zur Vorbereitung des Treffens mit dem Bundeskanzler am 13. Februar in Bonn. Noch gingen wir davon aus, daß die beiden deutschen Staaten einen Vertrag abschließen, der das Zusammenwirken zwischen DDR und BRD für eine bestimmte Zeit regeln und der einen Prozeß des gleichberechtigten Miteinander bis zur Konföderation einleiten sollte. Damit sollte die erste Etappe der Vereinigung der beiden Staaten vollzogen und der Weg für weitere Etappen freigemacht werden.

Für den 25. Januar war eine Begegnung mit Kanzleramtsminister Rudolf Seiters zur Vorbereitung des Bonner Treffens vereinbart. Wichtigster Teil unserer Vorbereitung war die Ausarbeitung des Entwurfs zum Projekt Vertragsgemeinschaft, den wir an Seiters übergaben. Die Sowjetunion war über ihren Botschafter Kotschemassow darüber informiert und gebeten worden, ihren Standpunkt zu übermitteln. Aus Moskau kam grundsätzliche Zustimmung, die dann beim Treffen mit Gorbatschow am 30. Januar bekräftigt wurde. Weiter interessierte uns natürlich die Haltung der Bundesrepublik zum Solidarbeitrag, der aus unserer Sicht von entscheidender Bedeutung für die Stabilisierung der DDR und ihren Weg in eine Konföderation war. Ein Plan für die Verwendung eines Beitrages in Höhe von 15 Mrd. DM wurde gleichfalls an Seiters übergeben. Schließlich überprüften wir den Stand der Verwirklichung der Dresdner Absprachen und Festlegungen für den Reiseverkehr im Jahre 1990. Wir konnten feststellen, daß dafür alle erforderlichen Voraussetzungen geschaffen waren und daß bereits viele Bürgerinnen und Bürger durch Geldumtausch den Reisemittelfonds in Anspruch genommen hatten. Auf diesen Teil der Begegnung waren unsere bundesdeutschen Partner gleichfalls konkret vorbereitet. Letzte offene Einzelfragen konnten schnell erledigt werden.

Das Gespräch zur Vorbereitung des Treffens in Bonn galt ferner protokollarischen Absprachen. Es gab Einigkeit darüber, daß die Parteien und Bewegungen des Runden Tisches mit mir nach Bonn reisten. Meinem Wunsch nach Begegnungen mit den Vorsitzenden der Bundestagsfraktionen und mit Vertretern der Wirtschaft wurde entsprochen. Im Gespräch bat ich Seiters, der Willenserklärung von Dresden die gebührende Beachtung zu schenken, weil damit wichtige Orientierungen für die Zukunft gegeben seien.

Am 3. Februar kam es noch zu einer Begegnung mit Helmut Kohl am Rande des Weltwirtschaftsforums in Davos. Sie hatte einen recht persönlichen Charakter, Frau Kohl versorgte uns mit einem kleinen Büfett. Die Kohls behandelten mich so nett und aufmerksam, als wenn ich schon zehnmal in dieser Familie zu Hause gewesen wäre. Es gab aber nicht mehr die Seite des politischen Miteinanders, des friedlichen Zusammengehens. Der Kanzler zeigte sich zwar interessiert, machte Andeutungen, ohne jedoch ein Konzept für weitere Schritte in den Beziehungen zwischen der BRD und der DDR erkennen zu lassen.

Ich unterrichtete Kohl über die Bildung der Regierung der Nationalen Verantwortung, deren neue Minister am 5. Februar von der Volkskammer bestätigt werden sollten. Ich erläuterte die damit verbundenen Überlegungen und Schritte zur weiteren Stabilisierung der Lage und zur Vorbereitung der Wahlen am 18. März. Da in den Medien zu dieser Zeit noch immer über gegenseitige Kontrollen im Post- und Fernmeldewesen berichtet wurde, versicherten wir uns gegenseitig, daß diese Praktiken inzwischen abgeschafft seien.

Der Kanzler betonte seine engen Kontakte zu Gorbatschow

und zur Regierung der USA in allen Fragen und ließ erkennen, daß er sich in Kürze mit Gorbatschow in Moskau treffen werde. Zur Lage in der DDR sagte Kohl, es solle nichts geschehen, was destabilisierend wirken könne. Aber gerade das geschah zu diesem Zeitpunkt. So nahmen die Abkäufe durch BRD-Bürger einen größeren Umfang an. Außerdem machte sich eine starke Rechtsunsicherheit in der DDR breit, da Bürger der BRD Anspruch auf Eigentum, besonders auf Bodenreformland erhoben. Ich unterstrich deshalb in meinen Darlegungen auch den Vertrauensschwund in der Bevölkerung der DDR hinsichtlich des nach wie vor ausstehenden Solidarbeitrags der Bundesregierung, von dem der Kanzler in Dresden gesprochen hatte. Helmut Kohl betonte, man müsse ungeachtet wahltaktischen Verhaltens nach einem Weg suchen, die DDR zu unterstützen. Es sollten sich dazu von beiden Seiten »unorthodoxe Denker« zusammensetzen. Nach dem 5. Februar wurden der Präsident der Deutschen Außenhandelsbank AG, Werner Polze, die stellvertretende Finanzministerin Herta König und mein persönlicher Mitarbeiter Karl-Heinz Arnold von unserer Seite benannt, nur getroffen haben sie sich mit irgendwelchen BRD-Partnern nie.

In seinem Vortrag in Davos zum Thema »Europa – die Zukunft aller Deutschen« sprach der Bundeskanzler davon, daß die Menschen der DDR greifbare Verbesserungen im wirtschaftlichen und sozialen Bereich brauchten. Die Bundesregierung sei bereit, hier Hilfe in neuen Größenordnungen zu leisten. Als ein besonderes Problem bezeichnete er den fortgesetzten Massenexodus aus der DDR, der die Chancen wirtschaftlicher Erholung schwinden lasse.

Betrachtet man diese Erklärung ein Jahr später, so ist die Abwanderung qualifizierter Fachleute aus den östlichen Ländern geblieben, und die neuen Landesregierungen klagen gerade über das Ausbleiben der Hilfe in neuen Größenordnungen. Was aber nicht analysiert und offengelegt wird, sind Umfang und Größe der Werte, die die DDR in die BRD eingebracht hat und die doch aus den Leistungen der Bürgerinnen und Bürger der ehemaligen DDR entstanden sind. Rainer Eppelmann wird vorgeworfen, daß er durch den Verkauf oder die Abgabe von militärischen Ausrüstungen der Bundeswehr etwa 150 Millionen DM Schaden verursacht habe. Dazu muß doch festgestellt werden, daß diese Entscheidungen von der Regierung der DDR gefällt wurden und damals der Bundeswehr vom Eigentum der NVA nichts gehörte. Wie viele Milliarden die Bundeswehr an NVA-Eigentum übernommen hat, wurde der Öffentlichkeit nicht bekanntgemacht.

Das Bonner Treffen bereiteten wir sehr gründlich vor. Das geschah im engen Zusammenwirken mit allen Mitgliedern des Kabinetts, besonders mit denen, die am Treffen teilnehmen sollten, und zugleich auch mit dem Runden Tisch. Von seiner Seite gab es die Empfehlung, über eine Währungsunion erst nach den Wahlen am 18. März zu entscheiden. Vorher konnten wohl Verhandlungen geführt, aber keine bindenden Entscheidungen getroffen werden. Die Empfehlung des Runden Tisches ergab sich aus Veröffentlichungen in den Medien der BRD über die Absicht Bonns, zu einem schnellen Abschluß einer Währungsunion zu kommen, nicht aufgrund laufender Verhandlungen. Noch am 9. Februar hatten der Präsident der Staatsbank der DDR Kaminsky und der Präsident der Bundesbank Pöhl Verhandlungen über Währungsfragen geführt, wobei das Problem einer Währungsunion wohl angesprochen, aber zum gegebenen Zeitpunkt als nicht durchführbar betrachtet wurde. Entweder ist der Präsident der Bundesbank in wenigen Stunden zu neuen Erkenntnissen gekommen oder von der Politik ungeachtet aller finanzstrategischen Probleme überrollt worden. Auf jeden Fall lassen die Probleme im Bereich der Wirtschafts- und Sozialunion den Schluß zu, daß hier in der Tat sehr »unorthodox« Leute zu Werke gegangen sind, die den Niedergang der DDR in Kauf genommen haben. Die »Bremsen« des Runden Tisches hatten nur bis zum 18. März ihre Wirkung. Nach diesem Datum sind auch die Wahlversprechungen des Bundeskanzlers auf der Strecke geblieben.

Wir mußten unsere Versuche, an der Willenserklärung von

Dresden festzuhalten, einer kritischen Prüfung unterziehen. Mit den Veröffentlichungen über eine Währungsunion war völlig klar, daß über diesen Weg der Aufgabe entscheidender Souveränitätsrechte die Eigenständigkeit der DDR in kurzer Frist aufgehoben wird. Die BRD setzte alles auf die DM-Karte: Wenn der DDR-Bürger nicht mehr zur D-Mark gehen muß, sondern die D-Mark zum DDR-Bürger kommt, ist alles geklärt. Aber es kam anders. Wie sich seit der Währungsunion zeigt, ziehen die Ex-DDR-Bürger, da das soziale Gefälle weiter sehr groß ist, wieder in Scharen in die Ex-BRD mit den besser bezahlten Arbeitsplätzen, und die Probleme wirken fort und verschärfen sich sogar.

Das Treffen in Bonn

Da wir die negativen Folgen der Währungsunion bereits damals voraussahen und auf die Gefahren mit allem Nachdruck hinwiesen, verlief das Treffen in Bonn in einer angespannten Atmosphäre.

Der Termin 13. Februar war aus der Tatsache erwachsen, daß wir in Dresden noch vom 6. Mai als Wahltermin ausgegangen waren. Inzwischen waren die Wahlen auf den 18. März vorverlegt, und der Bundeskanzler hatte sich die CDU der DDR praktisch einverleibt. Wir befanden uns also mitten im Wahlkampf. Konkrete Ergebnisse waren von der Bonn-Reise nicht zu erwarten. Hätte Kohl den Termin einfach abgesagt, wäre das ein Affront gegen die Bürger der DDR gewesen. So entstand eine merkwürdige Situation, denn auch von unserer Seite gab es keine Mehrheit dafür, die Reise abzusagen. Meine Absicht war, wenn wir in Bonn auftreten, dann mit einem Stück Würde für unser Land. »Für unser Land« – das war auch mein Erleben. Wir wollten aufrecht in die Vereinigung Deutschlands gehen.

Gemäß Absprache flogen wir am 13. Februar mit einer Sondermaschine der Regierung nach Köln/Bonn und wurden mit Hubschraubern weiter befördert. Im Kanzleramt wurden wir von Bundeskanzler Helmut Kohl und Mitgliedern seines Kabinetts begrüßt. Das persönliche Gespräch zwischen dem Bundeskanzler und mir trug schon eher einen formellen Charakter, weil es auf den Inhalt des nachfolgenden Treffens im Rahmen beider Delegationen keinen Einfluß mehr hatte. Kohl wollte jetzt auch nichts mehr von seiner Dresdner Versicherung: »Herr Modrow, Sie sind mein Gesprächspartner«, wissen. Die Position der Bundesregierung faßte der Kanzler mit dem einem Satz zusammen: »Das Beste, was die Bundesrepublik besitzt, die D-Mark, wird nun auch bald der Bürger der DDR besitzen.«

Die Verhandlungen im Rahmen der beiden Regierungsdelegationen nahmen nicht den in Bonn erwarteten Verlauf. Von seiten der Bundesregierung war seit Wochen auf die Teilnahme von Vertretern des Runden Tisches gedrängt worden, wozu ich zu keiner Zeit Vorbehalte hatte. Ganz im Gegenteil, ich hatte mich dafür ausgesprochen, daß Minister aller 13 Parteien und Bewegungen, die in der Regierung der Nationalen Verantwortung vertreten waren, mit nach Bonn reisen. Kohls Strategie war, sichtbar zu machen, daß er mit der Modrow-Regierung keine Vereinbarungen mehr abschließen wollte, daß die oppositionellen Kräfte für ihn als zukünftige Bündnispartner wohl in Frage kämen, wenn sie sich rechtzeitig von mir distanzierten. Aber Kohls Rechnung ging nicht auf. Wir hatten uns in der Delegation darüber verständigt, daß gerade die neuen Minister sprechen sollten. Wir wollten auch auf diese Weise unterstreichen, daß in der Arbeit unserer Regierung Gleichberechtigung herrschte. So ergriffen Wolfgang Ullmann, Rainer Eppelmann und Mathias Platzek zunächst das Wort. Wolfgang Ullmann, der für Demokratie Jetzt an den Empfehlungen des Runden Tisches für die Bonner Gespräche mitgewirkt hatte, wandte sich mit Entschiedenheit gegen einen Anschluß der DDR an die BRD nach Artikel 23 des Grundgesetzes. Es dürfe nicht in der Mitte Europas ein Machtkartell, ein Viertes Reich entstehen, das Ängste bei seinen Nachbarn hervorrufe. Er trete für einen Bund deutscher Länder ein. Dem Bundeskanzler war

Wolfgang Ullmann offenbar zu weit gegangen. Pikiert entgegnete Kohl, er verwende den Begriff Anschluß nicht. Außerdem wolle er sich für die Bundesrepublik Deutschland dagegen verwahren, daß von einem Vierten Reich gesprochen werde.

Rainer Eppelmann verwies auf die großen Veränderungen in der DDR seit dem letzten Herbst, was auch darin zum Ausdruck komme, daß acht Minister neuer Parteien und Bürgerbewegungen mit am Verhandlungstisch säßen. In den Bemühungen, auf das Klima der Beratungen einzuwirken, unterstrich er die Notwendigkeit, im Umgang miteinander auch alte Feindbilder abzubauen. In seiner Mitarbeit als Minister erlebe er diese Regierung der DDR als eine kollegiale Regierung, als einen ehrlich bemühten Makler für 16 Millionen DDR-Bürger.

Mathias Platzek begann mit der Feststellung, daß die Bürgerrechtler im Herbst mit einem ganz bestimmten Ziel angetreten seien: Erlangung der Selbstbestimmung. »Wir haben sie uns erkämpft und wollen sie behalten«, fügte er hinzu. Unter Hinweis auf die wirtschaftliche Situation der DDR forderte er die Bundesregierung zur Soforthilfe auf. Die DDR-Bürger hätten Hilfe erwartet, der Bundeskanzler hätte Hilfe angekündigt. An Kohl gewandt, sagte er: »Sie haben immer von Brüdern und Schwestern gesprochen, ich glaube, mit Brüdern und Schwestern taktiert man nicht.«

Christa Luft unterstrich die Notwendigkeit, daß eine Währungsunion unbedingt mit einer Wirtschafts- und Sozialunion verbunden sein müsse. Bei einer Währungsunion müßten grundlegende soziale Rechte und Interessen gewährleistet bleiben. Sie verwies unter anderem darauf, daß keine unzumutbaren Verluste bei Regelungen für die Sparguthaben der DDR-Bürgerinnen und -Bürger entstehen dürften und daß Betriebe, die mit ihren Produkten noch nicht konkurrenzfähig seien, zeitweilig noch Subventionen erhalten sollten.

Mit ihren Bemerkungen hatte Christa Luft wohl bei Finanzminister Theo Waigel den empfindlichsten Nerv getroffen. Das zeigte sich schon am Verhandlungstisch, aber dann besonders bei seinem arroganten Auftreten vor den Journalisten, wo er die Grenzen der Achtung und Höflichkeit gegenüber Christa Luft, zumal als Gast der Regierung, erheblich überschritt.

Mein Bemühen war in dieser Begegnung darauf gerichtet, die Interessen der Bürgerinnen und Bürger der DDR zu wahren, meine Übereinstimmung mit dem Runden Tisch deutlich zu machen und auf die nationale und internationale Verantwortung zu verweisen, die sich mit der Vereinigung der beiden deutschen Staaten ergebe. Der Bundeskanzler war nach seinen etwas heftigen Reaktionen auf die Beiträge unserer Delegationsmitglieder bemüht, die Position der Regierung zur Währungsunion darzulegen und die Bereitschaft zur Aufnahme von Verhandlungen zu beteuern. Mit Entschiedenheit war er jedoch bestrebt, die Lösung anstehender Probleme auf die Zeit nach den Wahlen vom 18. März zu verschieben. Die Regierung Modrow war für ihn kein Partner mehr.

Vor der Presse

Die Bonner Pressekonferenz spiegelte dann auch einiges von der Atmosphäre der Gespräche wider. Da der Saal völlig überfüllt war, mußten der Bundeskanzler und ich über die Nottreppe gehen, um überhaupt an den Konferenztisch zu kommen. Helmut Kohl sah sich in der Situation eines Siegers und nahm die entsprechende Pose ein. Was ich in diesem Augenblick empfand, ist ganz schwer zu beschreiben. Enttäuschung allein war es nicht. Für mich zeichnete sich mit diesem Treffen bereits die bedingungslose Übergabe der DDR an die Bundesrepublik ab. Der Kanzler stellte auf der Pressekonferenz die D-Mark in den Mittelpunkt und sprach über die DDR in abwertenden Tönen, die bei vielen auf Ablehnung stießen. In zahlreichen Briefen, die ich damals aus der Bundesrepublik erhielt, wurde der für die DDR demütigende Auftritt Kohls auf der Pressekonferenz bedauert.

Mein Anliegen war es, nichts zu beschönigen, aber doch herauszustellen, daß die DDR nicht nur belastet von einer Vergangenheit, die es kritisch aufzuarbeiten gelte, in die Vereinigung gehe, sondern auch mit dem stolzen Wort »Wir sind das Volk« und mit materiellen Werten, die durch die fleißige Arbeit ihrer Bürgerinnen und Bürger geschaffen worden seien; sie könnten aufrecht in die Wiedervereinigung gehen. Wer rasch und gern von der maroden, instabilen Wirtschaft der DDR spreche, wolle den Preis der Vereinigung zu Lasten des Volkes der DDR drücken. Das Netto-Nationaleinkommen der DDR war mit 1,4 Billionen Mark bewertet. Dazu gehörten 6,2 Mio. ha landwirtschaftliche Nutzfläche und 980 Mrd. Mark an Staatseigentum.

Eine Offenlegung aller Werte nach vollzogener Bilanz und auf der Grundlage der Bewertung in DM ist nicht erfolgt. Zum Thema wurden die »Seilschaften« gemacht, während die Arbeit der Treuhand dahinter möglichst im dunklen bleiben sollte.

Mit Nachdruck betonte ich auf der Pressekonferenz die Verantwortung, die im Hinblick auf das internationale Umfeld bei der Vereinigung der beiden deutschen Staaten zu beachten sei. An erster Stelle nannte ich die Einhaltung aller Zusagen gegenüber der Sowjetunion und die völkerrechtliche Anerkennung der Oder-Neiße-Grenze.

Die Fragen der Journalisten richteten sich vorrangig auf die Währungsunion und ihre Auswirkungen sowie auf die internationalen Aspekte einer Vereinigung beider Staaten. Auf die sozialen Auswirkungen einer Währungsunion hatte man sich in der Bundesrepublik überhaupt noch nicht eingestellt, und so gab Minister Blüm dann auch die im Grunde hilflose, unverbindliche Auskunft, man werde guten Willen bei der Gestaltung einer Sozialunion zeigen. Was mich zu der Bemerkung veranlaßte, daß diese Auskunft wohl das einzige Resultat auf diesem Gebiet sei.

Leider hat es später nicht nur an gutem Willen gefehlt, sondern auch an der Einhaltung vieler Versprechungen, die beim Wahlkampf von Bundespolitikern abgegeben wurden.

Die Pressekonferenz vom 13. Februar 1990 brachte jedenfalls eine gewisse Vorahnung für das, was sich später im Vereinigungsprozeß abspielen sollte.

Die Vielzahl der Begegnungen, die es am Rande des Treffens gab, hatten keinesfalls nur protokollarischen Charakter. Sie waren zur damaligen Zeit von Sachlichkeit geprägt und wurden von beiden Seiten in dem Bewußtsein geführt, einer nationalen Verantwortung gerecht werden zu müssen. Wenn heute versucht wird, persönliche Angriffe gegen mich mit üblen Entstellungen und Verleumdungen zu verbinden, so sei hier betont: Jedem meiner Gesprächspartner war meine Biographie bekannt. Die DDR hatte vom November 89 bis zu ihrem Ende im Oktober 90 zwei Ministerpräsidenten. Auch sie sollten nun »abgewickelt« werden. Was mich betrifft, so galt ich vor der Wende als Reformer, und so mancher Politiker aus der BRD wollte mich in vielen Gesprächen darin bestärken. In meiner Amtszeit waren solche Gespräche von nationaler Verantwortung getragen. Aber das möchte heute mancher Gesprächspartner von damals einfach vergessen machen.

Die Vertreter von Wirtschaft und Finanzen der Bundesrepublik bekundeten Interesse und Bereitschaft zum wirtschaftlichen Einstieg in die DDR. Sie erkannten die dafür bereits vollzogenen Schritte an und sprachen die Erwartung aus, daß weitere Entscheidungen folgen werden. Alle erweckten den Eindruck, die Initiativen zur Modernisierung und stabilen Weiterführung der Wirtschaft in der DDR würden rasch einsetzen. Leider ist wenig geschehen. Nicht Investitionsgebiet, sondern Absatzmarkt für bundesdeutsche Waren wurde die DDR in den Monaten ihrer Noch-Existenz.

Am Abend des 13. Februar hatte ich ein Treffen mit Willy Brandt. Ein Mann, der deutsche Geschichte gestaltet hat, der die Sozialistische Internationale in hohem Maße prägt und mit dessen Leben viel Schicksalhaftes für Sozialdemokraten und Kommunisten verbunden ist. Er war bemüht, alles Formelle bei unserer Begegnung auszuschalten. Gewiß war vieles damals noch nicht so klar zu erkennen, doch angesichts der Größe des historischen Prozesses waren sein kritischer Blick auf die Politik der Regierungskoalition und sein Gefühl für die notwendige Beachtung des europäischen Prozesses bei der Vereinigung stark ausgeprägt. Gerade hier war zu spüren, wie sehr Willy Brandt der Sowjetunion verbunden ist. Auf ihre Rolle in den europäischen Beziehungen und auf ihre innere Entwicklung kamen wir in unserem Gespräch wiederholt zurück.

Als Willy Brandt den neuen Bundestag bei seiner Konstituierung im Reichstag am 20. Dezember 1990 mit der Rede des Alterspräsidenten eröffnete, erinnerten mich seine Worte an unser Bonner Treffen, als er davon sprach, »daß Betonklötze schneller zu beseitigen sind, als Vorbehalte zwischen Menschen abzubauen«. Gerade unsere Begegnung in Bonn hat für mich nicht nur Vorbehalte abgebaut, sondern vor allem Vertrauen zu Willy Brandt aufgebaut.

Bis zum Ende meiner Tätigkeit als Ministerpräsident der DDR habe ich mich darum bemüht, die Interessen der Sowjetunion zu bewahren und die sowjetische Regierung auch herauszufordern, im Rahmen der 2 + 4-Verhandlungen die Interessen der Bürgerinnen und Bürger der DDR gebührend in Rechnung zu stellen. Von seiten der Sowjetunion sind die Festlegungen des Potsdamer Abkommens nicht genügend berücksichtigt und der unterschiedliche Gang der Geschichte beider deutscher Staaten wenig beachtet worden.

Die Regierung der DDR hatte in ihrer Beratung am 1. März 1990 eine Erklärung zu den Eigentumsverhältnissen einmütig bestätigt. Darin wurde die Regierung der Bundesrepublik aufgefordert, die Eigentumsverhältnisse in der DDR nicht in Frage zu stellen, wie sie sich nach dem Zweiten Weltkrieg auf der Grundlage völkerrechtlicher Abkommen, der Gesetze des Alliierten Kontrollrates für Deutschland und der Bestimmungen in der ehemaligen sowjetischen Besatzungszone sowie der Gesetze und Rechtsvorschriften der DDR herausgebildet haben. Diese Erklärung wurde Bundeskanzler Helmut Kohl mit der Bitte übermittelt, Verständnis für die wachsenden Sorgen von DDR-Bürgern um den Erhalt ihres Eigentums zu zeigen.

Unsere Erklärung hat nicht das Wohlwollen des Kanzlers gefunden, und die Tatsache, daß sie auch an Gorbatschow übergeben wurde, hat gar großen Zorn ausgelöst. Der Kanzler ließ dazu die Bemerkung fallen, nach dem 18. März habe Herr Modrow in dieser Sache doch nichts mehr zu sagen. Das trifft zu, aber es bleiben bedauerlicherweise die vielen ungeklärten Eigentumsfragen, die im Vereinigungsprozeß offengelassen wurden. Manches hätte bei den 2 + 4-Verhandlungen auch mehr Beachtung finden und konkret festgelegt werden müssen. Der Streit um diese Fragen wird Hunderttausende Bürgerinnen und Bürger noch über Jahre bewegen und Teil der Mauern sein, die sich zwischen den östlichen und den westlichen Ländern des vereinigten Deutschlands neu erheben.

Noch einmal in Moskau
Nach den Gesprächen in Bonn bat ich Michail Gorbatschow, eine Delegation der Regierung der Nationalen Verantwortung zu empfangen. Auch Rainer Eppelmann hatte sich sehr für eine gemeinsame Reise nach Moskau eingesetzt. Der über Botschafter Kotschemassow übermittelte Vorschlag fand schnelle Zustimmung. Unser Besuchsprogramm für den 5. und 6. März wurde noch um eine Begegnung mit Abgeordneten des Obersten Sowjets erweitert, die daran interessiert waren, mit Vertretern der neuen Parteien und Bewegungen zusammenzutreffen.

Eine knappe Stunde verblieb im Rahmen unserer Begegnungen für ein persönliches Gespräch mit Gorbatschow. Angesichts der stürmischen Veränderungen in der Welt und besonders in Europa sei ein intensiverer Meinungsaustausch nötig und nützlich, betonte Gorbatschow und bat mich zunächst um Informationen über die Lage in der DDR. Ich gab eine kurze Wertung des Treffens mit Helmut Kohl, bei dem die Grundlinie eines raschen Zusammenschlusses der beiden deutschen Staaten über den Weg einer schnell zu vollziehenden Währungsunion sichtbar geworden sei. Über die »Allianz für Deutschland« beim Wahlkampf zur Volkskammer in der DDR werde bereits der Wahlkampf zum Bundestag am Ende des Jahres erprobt. Damals ahnte ich noch nicht, wie sehr sich diese Wertung später bestätigen sollte.

Da dies mein letztes Zusammentreffen als Ministerpräsident der DDR mit Gorbatschow war, versuchte ich, die Schwerpunkte der sowjetischen Politik im Prozeß der deutschen Vereinigung aus meiner Sicht darzulegen:

— die Sicherung der Kontinuität und Stabilität in den Beziehungen zur DDR, um die wirtschaftliche Zusammenarbeit nicht sofort abreißen zu lassen;

— die Verantwortung der vier Großmächte für den Vereinigungsprozeß dahin zu lenken, daß den Bestrebungen nach Anschluß der DDR an die BRD entgegengewirkt werde und sich die Vereinigung zwischen beiden Staaten auf gleichberechtigter Grundlage vollziehe;

— in der wirtschaftlichen Zusammenarbeit den Übergang der DDR zur kapitalistischen Marktwirtschaft zu berücksichtigen.

Gorbatschow bekräftigte seine Aussage, daß eine Vereinnahmung der DDR durch die BRD für Europa ungünstige Wirkungen haben könne. Die Sowjetunion werde daher ihre Anstrengungen weiter darauf richten, den deutschen und den europäischen Vereinigungsprozeß miteinander zu verbinden. Man müsse die eigene Sicherheit und die Sicherheit aller europäischen Staaten gebührend beachten. Eine Revision der Nachkriegsrealitäten und der Grenzen in Europa dürfe nicht zugelassen werden. Dazu sei auch ein klares Bekenntnis der BRD ohne jegliches Lavieren erforderlich.

Wesentliche Teile der sowjetischen Positionen wurden erfüllt. Der gleichberechtigte etappenweise Vereinigungsprozeß konnte jedoch nicht durchgesetzt werden. Die daraus erwachsenden Probleme sind noch ernster geworden, als damals von mir vorausgesagt.

Meine Bemühungen um ein gutes Verhältnis zur Sowjetunion habe ich bis zum Abschluß meiner Regierungstätigkeit fortgesetzt; obwohl meine Regierung nach dem 18. März nur noch die Geschäfte führte, reiste der bisherige Vorsitzende des

Wirtschaftskomitees, Karl Grünheid, Ende des Monats in die sowjetische Hauptstadt, um mit den beiden stellvertretenden Vorsitzenden des Ministerrates der UdSSR Sitarjan und Silajew eine letzte Beratung der Regierung Modrow in Moskau zu führen. Wir haben damit vielleicht den sowjetischen Politikern die Kompliziertheit der künftigen Beziehungen etwas bewußt gemacht und für 1990 noch etwas retten können. Leider haben sich unsere Befürchtungen aber schon bald vollauf bestätigt. Die Kooperation ist am Zusammenbrechen, was auch in der wachsenden Arbeitslosigkeit in den neuen Bundesländern sichtbaren Ausdruck findet.

Das Februar-Treffen unserer Regierungsdelegation mit Gorbatschow wurde von unserer Seite vor allem durch die Minister der neuen Parteien getragen. Sichtlich bewegt, aber auch etwas verlegen nahm Gorbatschow zur Begrüßung eine brennende Kerze von Rainer Eppelmann mit der Aufschrift »Spasibo« entgegen. Damals versicherte Minister Eppelmann, dieses Dankeschön gelte der Sowjetunion für die Befreiung des deutschen Volkes vom Hitlerfaschismus sowie ihren Bemühungen um Frieden und Abrüstung in der Welt. Gleichzeitig werde damit die Politik der Perestroika und ihr Einfluß auf die Entwicklung in der DDR gewürdigt.

Frieden und freundschaftliches Zusammenleben waren auch die Themen, die im Mittelpunkt des Gesprächs mit Gorbatschow standen. Dabei spielte die Neugestaltung der Beziehungen zwischen den sowjetischen Soldaten auf dem Territorium der DDR und den Bürgerinnen und Bürgern unseres Landes bereits eine Rolle. Wer auch immer das Wort ergriff, ob Wolfgang Ullmann, Rainer Eppelmann, Tatjana Böhm, Mathias Platzek — alle sprachen von der Notwendigkeit, die Beziehungen zwischen der DDR und der Sowjetunion weiter freundschaftlich und vertrauensvoll zu gestalten und sie in den deutschen Vereinigungsprozeß als einen wichtigen Baustein für das zukünftige europäische Haus einzubringen.

Die demokratische Umwälzung in der DDR werde von der Sowjetunion hoch geschätzt, erklärte Michail Gorbatschow und wertete dieses Treffen als einen wichtigen Beitrag zu guten Beziehungen zwischen den Bürgern der UdSSR und den Deutschen. Er brachte seine Hoffnung zum Ausdruck, daß sich diese Entwicklung auch nach den Neuwahlen in der DDR fortsetze.

Eine schwere persönliche Entscheidung vor den Wahlen

Die Vorbereitung der Wahlen am 18. März wurde bereits zum gesamtdeutschen Wahlkampf. Der Runde Tisch hatte zwar die Forderung erhoben, daß keine Politiker der Bundesrepublik daran teilnehmen sollten, um das Recht der DDR-Bürgerinnen und -Bürger auf Selbstbestimmung zu wahren. Aber weder CDU/CSU und FDP noch SPD hielten sich daran.

Die Millionen, die im Herbst 1989 zu Hause geblieben waren, gingen am 18. März zur Wahl und entschieden sich vor allem für Helmut Kohl und die von ihm vereinnahmte Ost-CDU. Die Ablegerpartei der CSU im Osten, die DSU, kam noch in die Volkskammer. Ihre offen reaktionäre Position brachte sie bis zur Bundestagswahl bereits so in die Isolierung, daß es keine Chance mehr für sie gab.

Die eigentliche Enttäuschung der Wahl am 18. März war das Abschneiden der SPD, was sich später bei den Bundestagswahlen fortsetzte.

Mit dem Wahlkampf war für mich eine schwere persönliche Entscheidung verbunden. Am 28. Januar, bei den Verhandlungen über die Bildung einer Regierung der Nationalen Verantwortung, wäre sie mir beinahe abgenommen worden. In einer bestimmten Phase der Diskussion ging es um eine »ruhende Mitgliedschaft in einer Partei« für alle Minister. Mit der Festlegung des neuen Wahltermins auf den 18. März wurde dieser Diskussionspunkt jedoch fallengelassen. Die neuen Minister und ein Teil der Minister aus den etablierten Parteien traten zur Wahl an. Von den PDS-Ministern war keiner dazu bereit, Mitglieder und SympathisantInnen unserer Partei erwarteten allerdings meine Kandidatur.

Am 22. Februar hatte mich eine Delegation der PDS aus den Bezirken im Amtssitz der Regierung aufgesucht und auf meine Zusage für eine Kandidatur gedrängt. Ich blieb bei meinem Entschluß, nicht zu kandidieren.

Für den 24. und 25. Februar hatte die PDS ihren Wahlparteitag einberufen, der über die Kandidaten und über das Wahlprogramm entscheiden sollte. Am Nachmittag des 24. Februar kam ich aus Hamburg zurück und nahm dann am Parteitag teil. Der politische Druck dieser Beratung, die überreichten Unterschriften, Gespräche vor allem mit jungen Delegierten und eine nächtliche Diskussion im Präsidium wurden zur moralischen Last. Gregor Gysi erinnerte in dieser Diskussion daran, daß ihn schon einer seiner Stellvertreter — Wolfgang Berghofer — im Stich gelassen habe und er sich bei meiner Ablehnung einer Kandidatur fragen müsse, wie es für ihn weitergehen solle.

Die Diskussion mit meiner Frau zeigte, daß sie viel Verständnis für meine Widersprüche hatte, aber auch die Erwartungshaltung in der Partei sehr ernst nahm. So kam ich zum schweren Entschluß, mich einer Kandidatur zu stellen.

Auch heute bin ich noch nicht frei von jenen Widersprüchen, über die ich auf diesem Parteitag gesprochen habe. Wie lange reicht die Kraft eines Menschen aus, sich den Anforderungen eines politischen Lebens zu stellen? Wie ist es mit der Verantwortung, die man damals getragen hat, und der eigenen Schuld, die damit auch verbunden ist? Aber wie ist es um die Aufarbeitung der Geschichte bestellt, wenn alle daraus flüchten? Wie sollen sich Toleranz und gegenseitige Achtung entfalten, wenn es dafür keine Herausforderung gibt?

So hat das Aufschreiben eines kleinen Abschnitts der Geschichte zu vielen Stunden des Nachdenkens geführt. Über die Vergangenheit — aber auch über das heutige Deutschland und das der neunziger Jahre.

VIII. Ein Jahr danach

»Wer zu spät kommt, den bestraft das Leben«, sagte Michail Gorbatschow in jenen Oktobertagen des Jahres 1989 in Berlin und ahnte wohl selbst nicht, wie schnell seine Worte Wirklichkeit wurden.

Die Ereignisse überschlugen sich, abgesteckte Zeitabschnitte unterlagen schnellen Veränderungen, und gesellschaftliche Ziele waren nicht zu halten. Diejenigen, die im Oktober/November noch eine demokratische Umgestaltung des Sozialismus wollten und dafür mit dem Ruf »Wir sind das Volk« breite Zustimmung fanden, mußten bald erkennen, daß sich ein Stimmungswandel vollzogen hatte. »Für unser Land?« lautete dann die Frage des späten Herbstes. Auch wenn sie von Hunderttausenden mit einem Votum für die DDR beantwortet wurde, signalisierte sie doch gleichzeitig ein Umdenken in großen Teilen der Bevölkerung. Zeitzeugen haben es nicht leicht, das vergangene Jahr zu werten und sich ein Urteil zu bilden. Noch schwerer ist es für jene, die selbst aktive Gestalter dieser Zeit waren.

Spätestens Mitte der siebziger Jahre war die Zeit für tiefgreifende Umgestaltungen des Sozialismus gekommen. Als die Periode der Kooperation, der außenpolitischen Offensive der Sowjetunion und der Staaten des Warschauer Vertrages nach dem West-Berlin-Abkommen bis nach Helsinki führte, war es an der Zeit, in den sozialistischen Ländern den Weg der Reformen zu beschreiten. Aber es geschah nichts. Als dann Ende der 70er Jahre von den USA und ihren NATO-Verbündeten die Phase der Konfrontation ausgelöst wurde, gab die Stagnation in der Sowjetunion unter Breschnew keinen Spielraum mehr für offensives Handeln. Auch wenn Erich Honecker damals davon sprach, in zugespitzten Perioden müsse man weiter in der diplomatischen Offensive bleiben, verpaßte gerade er die Zeit, weil sich im Innern der DDR die gleiche Stagnation zeigte wie in der Sowjetunion. So fehlte praktisch Michail Gorbatschow die erste Hälfte der achtziger Jahre für die Perestroika und der Welt ein Zeitabschnitt, in dem das neue Denken bereits die Konfrontation verhindert hätte. Das alles hat viele Milliarden für die Rüstungen verschlungen, und die Feindbilder blieben über Jahre unverändert.

So war die Zeit für eine demokratische Umwälzung am Ende des Jahres 1989 schon nicht mehr gegeben. Man sollte jene, die es dennoch versucht haben, dafür nicht verdammen. Im Gegenteil! Bei genauer Betrachtung waren es die Denker und Initiatoren der Bürgerbewegungen, die einen Umbruch in der DDR wollten und für neue Beziehungen zwischen den beiden deutschen Staaten eintraten.

Hier liegt auch der Grund dafür, daß am Runden Tisch von einer bestimmten Zeit an die Vertreter der etablierten Parteien bis hin zur SED/PDS und die neuen Parteien und Bürgerbewegungen ein konstruktives Miteinander finden konnten. Das eigentliche demokratische Vermächtnis dieser Zeit, der Entwurf einer neuen Verfassung der DDR, setzt dafür ein deutliches Zeichen. Dieses Vermächtnis ist auch ein Maßstab demokratischen Verhaltens geworden. Die Bürgerbewegungen, Teile der SPD und die PDS treten heute konsequent dafür ein, durch einen breit angelegten Verfassungsgebenden Rat eine neue Konstitution auszuarbeiten und sie durch Entscheid des Volkes zu bestätigen.

Dafür könnten auch jene eintreten, die enttäuscht sind und ein Jahr danach mit der Einsicht leben, es nicht so gewollt zu haben. Eine neue Verfassung könnte bewirken, daß das vereinigte Deutschland besser wäre, als es die alte BRD und die ehemalige DDR waren, die Demokratie im vereinten Deutschland könnte gestärkt werden. Wenn ich an die Atmosphäre im Bundestag denke, höre ich schon die Rufe: »Sie, Herr Modrow, haben es gerade nötig, davon zu sprechen«. Da bliebe nur die Erwiderung: »Warum sprechen Sie denn nicht davon? Doch wohl deshalb, weil Sie es nicht wollen!«

Man könnte sagen, Regierung und Runder Tisch engagierten sich noch für eine Verfassung der DDR, als die Frage der Vereinigung beider Staaten bereits auf der Tagesordnung stand. Dem ist nicht zu widersprechen. Strittig war aber sehr bald der Weg, der zur Vereinigung gegangen werden sollte. Dabei war zu erkennen, daß ohne eine neue gesamtdeutsche Verfassung die DDR von der BRD aufgesogen wird.

Ein Jahr danach will ich auch der Frage nicht ausweichen, ob meine Erklärung »Deutschland, einig Vaterland« vom 1. Februar nur unter dem Zwang der Ereignisse abgegeben wurde oder auch der eigenen Überzeugung entsprach. Nach meiner Einsicht war der Weg zur Einheit unumgänglich notwendig und mußte mit Entschlossenheit beschritten werden.

Gerade aus dieser Sicht schien mir ein ausgewogenes, schrittweises Vorgehen im Interesse des deutschen und europäischen Vereinigungsprozesses von entscheidender Bedeutung zu sein. Die bis jetzt wirkenden tiefen Konflikte und ungelösten Probleme sprechen eigentlich dafür, daß diese Überlegungen berechtigt waren.

Wenn heute versucht wird, das überhastete Tempo der Vereinigung mit der Entwicklung in der Sowjetunion zu entschuldigen, werden Zusammenhänge hergestellt, die einer Unterstellung gleichkommen. Wie kompliziert sich die Prozesse auch in der Sowjetunion gestalten, die grundsätzliche Entscheidung für die Einheit wurde am 30. Januar zwischen Gorbatschow und mir nach ausführlicher Diskussion vereinbart. Was der Bundeskanzler im Februar in Moskau beraten und festgemacht hat, baute auf den am 30. Januar erzielten Ergebnissen auf, wobei nicht zu übersehen ist, daß es bei diesen Verhandlungen schon Zugeständnisse an Kohl gab, z. B. in der Frage der militärischen Neutralität. Nicht die äußeren Faktoren haben das Tempo der Vereinigung herausgefordert. Die rasche Gangart hat für den europäischen Prozeß keine Vorteile gebracht.

Aber die innere Situation ist infolge der überhasteten Vereinigung wesentlich schwieriger geworden, sie ist heute voll ungelöster Probleme. Zweifellos haben sich in Ostdeutschland mit Einführung der D-Mark und der Marktwirtschaft für so manchen im wahrsten Sinne des Wortes Horizonte geöffnet. Für viele hat sich die Lebensqualität verbessert, wenn auch das Durchschnittsniveau der Alt-BRD noch nicht erreicht ist. Doch gleichzeitig greift im Osten mehr und mehr die Existenzangst um sich. Arbeiter werden auf die Straße gesetzt, Bauern geraten in soziale Not, Wissenschaftler werden »abgewickelt«, junge Mediziner haben nach dem Studium keine Chance, die notwendige Facharztausbildung zu erhalten, Fachschüler stehen mitten in der Ausbildung vor der Frage, was aus ihnen werden soll.

Der größte Teil der westdeutschen Bürgerinnen und Bürger gehört nicht zu den Benachteiligten der Geschichte der letzten Jahrzehnte wie ihre »Brüder und Schwestern im Osten«, auch nicht – oder noch nicht in dem Maße – zu den Leidtragenden der überhasteten Vereinigungspolitik. Verständlich, daß viele von ihnen heute mit Besorgnis in die Zukunft schauen, weil sie sich die Frage stellen, ob und wie ihr sozialer Besitzstand gesichert bleibt. Denn immer mehr zeichnet sich ab, daß sie ebenso wie ihre Landsleute im Osten von der Bonner Regierungskoalition verstärkt zur Kasse gebeten werden, weil die deutsche Einheit viel teurer ist, als man glaubte.

Mir liegt Rechthaberei ebenso fern wie Besserwisserei. Dazu sind auch die Prozesse in Deutschland viel zu wichtig, hängt von ihnen viel zuviel für die Menschen ab. Aber wenn man die Lage im vereinigten Deutschland heute, ein Jahr nach dem Ende der Regierung der Nationalen Verantwortung und nach Amtsantritt einer Koalition von Christdemokraten, Liberalen und Sozialdemokraten in der DDR analysiert, so bestätigt sich eigentlich vieles, wovor damals Politiker und vor allem auch Wirtschaftsfachleute gewarnt hatten. Und was unsere Regierung mit ihrem Konzept des schrittweisen Zusammenwachsens, der ökonomisch und sozial verträglichen Angleichung der DDR an neue Bedingungen hatte vermeiden wollen.

Wäre nach dem 18. März nicht doch ein anderer Weg möglich gewesen, um zur deutschen Vereinigung zu kommen? Ich bin überzeugt davon, es gab ihn. Es gab die historische Chance, die Einheit der deutschen Nation so herbeizuführen, daß die beiden Staaten schrittweise, organisch, im Interesse ihrer Bürgerinnen und Bürger zusammenwachsen. Dazu hätte es natürlich eines wohldurchdachten Konzepts bedurft. Der schnell zusammengezimmerte Einigungsvertrag, der obendrein noch demontiert wird, ist es jedenfalls nicht. So ist diese Chance einer schmerzlosen oder zumindest schmerzarmen Vereinigung vertan worden. Der politische Erfolg bei den ersten gesamtdeutschen Bundestagswahlen im Dezember vergangenen Jahres stand für die Christdemokraten über allem anderen. Leider auch zunächst für die Sozialdemokraten, ihre spätere politische Kehrtwendung zahlte sich für sie nicht aus.

Heute, ein Jahr danach, gibt es noch die Möglichkeit, den weiteren Prozeß der Vereinigung so zu gestalten, daß er schließlich den Menschen zum Wohle gereicht. Aber auch hierfür sind in Bonn bisher keine wirksamen Konzepte vorgelegt worden. Im Gegenteil. Recht haben wohl jene, die nach den Koalitionsverhandlungen zur Bildung der neuen Bonner Regierung feststellten, daß nur Althergebrachtes für die vielen neuen Probleme des Vereinigungsprozesses geboten werde. So ist absehbar, daß eintreten wird, wovor Experten nachdrücklich gewarnt haben: Infolge der zunehmenden Deindustrialisierung des Ostens, der wachsenden Massenarbeitslosigkeit, der anhaltenden Übersiedlung aus den östlichen in die westlichen Bundesländer auf längere Sicht wird Ostdeutschland zu einem wirtschaftlichen Notstandsgebiet.

Ich will weder dramatisieren noch schwarzmalen. Doch wenn diese Entwicklung anhält, wird auch der Absatzmarkt Ostdeutschland, mit dessen Hilfe gegenwärtig die westdeutsche Industrie boomt, nicht mehr wie bisher funktionieren. Und soziale Ungerechtigkeit, wie sie sich im Osten Deutschlands immer mehr aufbaut, führt zu sozialen Auseinandersetzungen. Ich meine, es kann keine positive Trendwende geben, wenn in den ostdeutschen Ländern Kahlschlag betrieben wird, wenn es nicht in erster Linie um Sanierung von Betrieben, sondern um deren Liquidierung geht, wenn man den landwirtschaftlichen Produktionsgenossenschaften keine Chance gibt. Ein Hauptargument Bonns für Währungsunion und Anschluß war es, daß man den Aussiedlerstrom aus der DDR stoppen müsse. Doch wo heute massenweise Arbeitsplätze vernichtet werden, müssen viele anderswo auf Arbeitssuche gehen. So hält der Strom von mindestens 20 000 Menschen im Monat, meist junge Fachkräfte, in Richtung Alt-BRD an.

Nun ist immer wieder zu hören, daß an allen negativen Entwicklungen in Ostdeutschland die SED-Herrschaft schuld sei. Ich will auf keinen Fall den »Realsozialismus« rechtfertigen, die Mangel- und Mißwirtschaft der alten Parteiführung in Schutz nehmen. Dazu habe ich schon während meiner Amtszeit als 1. Bezirkssekretär von Dresden zu viel Kritik an jenem Wirtschaftskonzept geübt und mir damit so manchen Ärger aus Berlin eingehandelt. Aber machen es sich die Herren von der Bonner Koalition damit nicht zu leicht? Fehler des alten Regimes entschuldigen nicht die Unfähigkeit und Konzeptionslosigkeit der neuen gesamtdeutschen Regierung, als deren Ergebnis die Industrieproduktion im Osten Deutschlands innerhalb weniger Monate auf fast die Hälfte sank. Davor gehörte ja dieses kleine Land DDR trotz zentralistischer Kommandowirtschaft und zahlreicher Probleme auf ökonomischem Gebiet immerhin zu den 15 führenden Industriestaaten der Welt, und das dank des Fleißes der Menschen in diesem Lande! Die Bürgerinnen und Bürger der DDR haben in der Tat wirklich Großes geleistet, zumal sie im Vergleich zu Westdeutschland die viel schlechteren Ausgangsbedingungen hatten.

Zweifellos waren damals tiefgreifende Reformen, vor allem zunächst ein entschiedenes Abgehen von der zentralistischen Kommandowirtschaft, unumgänglich geworden. Wir bemühten uns während unserer Amtszeit, erste wichtige Schritte zur sozial und ökologisch orientierten Marktwirtschaft zu tun und den Weg zum Zusammenschluß beider Staaten, nicht Anschluß des einen an den anderen, mit Bedacht und Vernunft zu gehen. Unser Konzept für einen schrittweisen Übergang zur Marktwirtschaft und zur Einheit Deutschlands, mit einer Harmonisierungsphase für die ostdeutsche Wirtschaft wäre sicher eine realistische, weniger kostspielige und weniger schmerzhafte Alternative zur überhasteten, konzeptionslosen Einführung der BRD-Währung und zum Anschluß der DDR an die BRD am 3. Oktober 1990 gewesen.

IX. Nachdenken über Deutschland

Nachdenken über Deutschland ist zu einer Herausforderung geworden. Die Vereinigung der beiden deutschen Staaten ist vollzogen. Wird daraus für die Zukunft nur ein größeres Deutschland erwachsen, oder muß es nicht auch ein neues Deutschland werden? Ob man es will oder nicht, so oder so wird es doch geschehen. Dafür sprechen bereits die Prozesse der inneren Entwicklung, und die äußeren Bedingungen bergen vielfältige Zwänge und Herausforderungen in sich.

Mit dem 2 + 4-Vertrag sind die äußeren Bedingungen der Vereinigung festgelegt und dem vereinigten Deutschland jene Rechte übertragen worden, die nach 1945 von den Siegermächten ausgeübt wurden. Die Geschichte muß erst zeigen, ob damit die Nachkriegsprobleme ausreichend gelöst worden sind oder ob sich das Fehlen eines Friedensvertrages mit Deutschland noch einmal schädlich auswirken wird.

Gerade in der Sowjetunion hat in den letzten Monaten ein neues Nachdenken über Deutschland begonnen. Die Vereinigung der beiden deutschen Staaten als historisch notwendiger Schritt wird nicht in Zweifel gezogen. Aber mit Beunruhigung wird verfolgt, daß sich die innere Entwicklung gegen Deutsche richtet, die einmal das Bündnis zwischen der Sowjetunion und der DDR mitgetragen haben, die in der UdSSR an Hochschulen und Akademien studierten und im vereinigten Deutschland als dadurch belastet betrachtet werden.

Jene, die im Herbst 1989 wirklich Träger des demokratischen Umbruchs waren und noch konsequent zu ihren Zielen von damals stehen, finden heute im vereinigten Deutschland seitens der regierenden Parteien keine Unterstützung, oft nicht einmal Toleranz. Ihr Bemühen bleibt auf wirklich demokratische Veränderungen gerichtet. Dazu gehört eine neue Verfassung und nicht einfach eine Nachbesserung am Grundgesetz. Das hieße auch, Raum für die Bürgerbewegungen zu geben und Bereitschaft der Mächtigen, diese demokratischen Bewegungen zu achten. Es tut sich wenig in diesem Sinne, viel wird allerdings dagegen getan. Hunderttausende gingen auf die Straße und forderten: »Kein Blut für Öl!« Doch die Bundesregierung mit Kanzler Kohl, der den Bürgerdemonstrationen vom Herbst 1989 so viel Lob zollte und ihnen so große Kraft im Hinblick auf Veränderungen zumaß, nahm diese Demonstrationen gegen den Krieg am Golf praktisch nicht zur Kenntnis, indem er sie bei seinen Entscheidungen überhaupt nicht in Betracht zog.

Die politischen Kräfte der neuen Bundesländer, die ihren Platz in den »Altparteien« der DDR hatten, haben sich längst von den Kräften des demokratischen Umbruchs getrennt, auch von denen, die in den einstigen etablierten Parteien mit ihnen am Runden Tisch als Wegbegleiter und teilweise auch als Neuerer saßen. Manche sehen sich durch den Beitritt zur CDU/CSU oder zur FDP als »gereinigt und geadelt«, andere zerren die SPD in eine Zeit des Antikommunismus zurück, die nichts Gutes für die demokratische Bewegung gebracht hat.

Solche Erscheinungen fordern das Nachdenken über Deutschland bei unseren Nachbarn in Ost und West heraus, denn der innere Frieden in Deutschland hat natürlich auch etwas mit dem europäischen Frieden zu tun. Das vereinigte Deutschland sollte Brücke zwischen West und Ost sein. Aber darin liegt ein großer, bisher nicht ausgefüllter Anspruch.

Am 22. Juli 1991 jährt sich zum fünfzigsten Mal der Tag des Überfalls des faschistischen Deutschlands auf die Sowjetunion. Dieser Jahrestag sollte Anlaß sein, den zwischen der BRD und der UdSSR abgeschlossenen Vertrag über Partnerschaft und Zusammenarbeit als einen echten Friedensvertrag zwischen unseren Staaten und Völkern zu verstehen und dies durch eine gemeinsame Erklärung auch so zu interpretieren. Der auf eine lange Laufzeit ausgelegte Vertrag erfordert rasche, konkrete Ausfüllung, besonders in Wirtschaft und Wissenschaft, damit die Reformen in der Sowjetunion nicht steckenbleiben, sondern tiefer greifen können.

Damit sollte den Nachbarn auch die Sicherheit signalisiert werden, daß die Deutschen mit ihnen in Toleranz und gegenseitiger Achtung leben wollen.

Ich meine, hier ist noch mehr zu tun. Wir Deutschen müssen doch das Vertrauen, das Staaten und Völker uns im Hinblick auf den Vereinigungsprozeß geschenkt haben, bewahren und neues schaffen. Das heißt für die Zukunft auch, daß dieses Deutschland bei aller ökonomischen Macht seine militärische Stärke reduzieren muß. Ausschlaggebend wird sein, daß sich das künftige Deutschland zum Vorreiter von Abrüstung und Entmilitarisierung macht, daß es sich stärker einbringt in den europäischen Prozeß und daß es seinen Einfluß in der NATO gebraucht, damit sich endlich in diesem Militärpakt Entscheidendes ändert. Der Warschauer Pakt hat 1987 seine Militärdoktrin ausschließlich auf Verteidigung umgestellt, 1990 wurde die Nationale Volksarmee der DDR aufgelöst, die sowjetischen Streitkräfte beginnen sich auf ihr eigenes Territorium zurückzuziehen, das Warschauer Militärbündnis steht vor seinem Ende.

Was muß eigentlich noch geschehen, bis sich mit der NATO etwas ändert, bis man auf der Seite des Westens bereit ist, mit Entschlossenheit an die Frage kooperativer Sicherheitsstrukturen in Europa heranzugehen? Muß nicht bei unseren östlichen Nachbarn, insbesondere bei der Sowjetunion erneut Mißtrauen entstehen, wenn zu beobachten ist, daß man es auf westlicher Seite mit der Suche nach effektiven gesamteuropäischen Sicherheitsstrukturen nicht sehr ernst meint, wenn die Bundesrepublik aufgrund der hier konzentrierten NATO-Militärpotentiale faktisch Aufmarschgebiet gegen den Osten, gegen die Sowjetunion bleibt? Sich stärker einbringen in den europäischen Prozeß heißt sich einbinden in zu schaffende partnerschaftliche Sicherheitsstrukturen für Europa. Das heißt aber auch, daß dann auch die NATO überflüssig wird, auch in ihrer so oft beschworenen Aufgabe, die Bundesrepublik fest einzubinden und unter Kontrolle zu halten. Bei allen Wirren, Schwierigkeiten und Auseinandersetzungen in den osteuropäischen Ländern, besonders in der Sowjetunion, sollten diese Entwicklungen nicht als Rechtfertigung für die Aufrechterhaltung der NATO in ihrer heutigen Form dienen. Und auf keinen Fall sollten alte Feindbilder erhalten oder neue geschaffen werden.

Die Probleme, die es in Deutschland selbst zu lösen gilt, sind groß. Entscheidend wird für die Zukunft sein, ob es gelingt, die Kluft zwischen Ost- und Westdeutschland nicht weiter wachsen zu lassen, sondern sie zu verringern und zu schließen. Es reicht aber nicht aus, immer wieder zu versichern, daß die neuen Bundesländer bald »blühende Landschaften« sein werden. Und mehr oder weniger nur darauf zu hoffen, daß die Marktwirtschaft es schon richten wird, ist keine Politik. Die Erfahrungen beweisen leider zur Genüge: allein das freie Spiel der Marktkräfte hilft hier nicht. Es reicht auch nicht aus, immer wieder an Investoren zu appellieren, selbst wenn man ihnen bestimmte Anreize bietet. Was not tut, ist eine aktive Struktur- und Beschäftigungspolitik von Bund, Ländern und Kommunen, wodurch schrittweise die Anpassung des Produktivitätsniveaus Ostdeutschlands an das der Alt-BRD erfolgen könnte. Das wäre zugleich der Weg zur Beseitigung der Massenarbeitslosigkeit, damit käme auch mehr Geld in die Kassen von Bund, Ländern und Kommunen. Aber das erfordert auf seiten der Bundesregierung festen Willen und klare Konzepte, auf seiten der westdeutschen Wirtschaft die Bereitschaft, in Ostdeutschland zu investieren. Der Osten unseres Landes darf nicht des schnellen Profits wegen nur als Absatzmarkt betrachtet, sondern muß unbedingt als Industriestandort erhalten werden. Es muß dort saniert und modernisiert werden.

Es geht für die Zukunft aber auch um alternatives Denken. Allein in den heutigen Grenzen der Marktwirtschaft werden die sozialen Spannungen nicht zu lösen sein. Das heißt, Nachdenken über Deutschland wird sich auch auf die Suche nach einer Alternative konzentrieren. Das erfordern dringend auch die globalen Probleme unserer Zeit — hohe Überrüstung, soziale Ungerechtigkeit, gefährliche Umweltschäden, Hunger und Unterentwicklung in der dritten Welt — Probleme, die sich folgenschwer zuspitzen.

Ideen, Theorien und Werte sind dem entgegenzustellen, die geistige und moralische Alternativen bieten. Sie sind und bleiben auch für die Zukunft mit einem demokratischen Sozialismus und seinen tiefen Wurzeln verbunden — der Bergpredigt, den Grundsätzen der Französischen Revolution von Freiheit, Gleichheit und Brüderlichkeit und den sozialen Bewegungen zu Beginn des 19. Jahrhunderts in England, Frankreich und später auch in Deutschland.

Ziel aller demokratischen Kräfte sollte es sein, ein europäisches Deutschland wahrhafter Demokratie und sozialer Gerechtigkeit zu schaffen, das Solidarität mit jenen Völkern übt, die die Benachteiligten der Weltgeschichte sind. So würde der historische Augenblick maximal genutzt, der sich mit der Vereinigung für uns Deutsche ergab. Dabei ist größtmögliche Gemeinsamkeit im Handeln national und international geboten.

Die Welt ist sehr zerbrechlich geblieben, auch wenn es durch den Abbau der Grenze keine Konflikte mehr zwischen zwei deutschen Staaten gibt. Gerade dieser Umstand verpflichtet das vereinigte Deutschland, aktiv für den Frieden zu wirken und maßvoll mit seiner gewachsenen Kraft umzugehen. Es gilt sie kraftvoll zu nutzen, um der Dritten Welt solidarische Hilfe zu leisten und sie gleichfalls wirksam einzusetzen, um dem östlichen Teil des zu schaffenden friedlichen europäischen Hauses alle nur mögliche Unterstützung zu geben.

Nachdenken über Deutschland bleibt für mich schließlich auch mit einem Nachdenken über den Sozialismus verbunden.

Der Traum vom Sozialismus beschäftigt die Menschheit seit Jahrhunderten und nicht erst seit 1848, als Marx und Engels das Kommunistische Manifest schrieben. Die Sehnsucht nach Gerechtigkeit, Demokratie und Freiheit, nach menschlicher

Nähe und Würde bewegt die Menschen in allen Epochen der Geschichte der menschlichen Gesellschaft. Das fand seinen Ausdruck in den Auffassungen der utopischen Sozialisten, und auch Christen sehen darin ein Ideal. Wenn wir nun im vergangenen Jahr erlebten, daß das von Lenin entwickelte Modell des Sozialismus in den Ländern Osteuropas scheiterte, dann ist das nicht Ausdruck dafür, daß der Traum vom Sozialismus ausgeträumt ist, sondern daß dieses Modell des Sozialismus nicht zu verwirklichen ist. Die Geschichte der Menschheit beweist, daß die Geburt einer neuen Gesellschaftsordnung ein schwerer und komplizierter Prozeß ist. Mit dem Scheitern des Sozialismus ist der Kapitalismus nicht besser geworden. Es zeigt sich nur, daß seine Entwicklungsmöglichkeiten noch nicht erschöpft sind.

Die globalen Probleme der Menschheit sind nach wie vor nicht gelöst. Die Menschheit steht mit dem Übergang in ein neues Jahrhundert vor der Herausforderung, ihr eigenes Überleben zu bewahren. So ist eine Alternative gefordert. Für mich bleibt der Sozialismus damit nicht nur Traum, sondern die Vision der Zukunft der Menschheit.

Den Linken in Deutschland obliegen dabei wichtige Aufgaben, und ihre Verantwortung ist außerordentlich groß. Von ihrer Politik- und Handlungsfähigkeit hängt es in entscheidendem Maße ab, ob sie eine Herausforderung für die regierenden Neokonservativen darstellen, ob sich die Entwicklungen nur nach dem Willen des Kapitals vollziehen oder ob weitere soziale und ökologische Fortschritte erreicht werden, ob nationaler Egoismus die Oberhand gewinnt oder ob Deutschland wirksam mithilft bei der Lösung der Menschheitsprobleme, damit wir unseren Kindern und Kindeskindern eine lebenswerte Erde übergeben können.

Dokumente

Anlage 1
**Ministerrat der Deutschen Demokratischen Republik
Beschluß zur Unterstützung der Arbeit
des Runden Tisches vom 21. Dezember 1989**

1. Der Ministerrat stellt für die künftigen Treffen am Runden Tisch, beginnend ab 27.12.1989, Räume im Konferenzgebäude 1110 Berlin-Niederschönhausen, Ossietzkystraße, zur Verfügung.

Arbeitsräume mit Telefon, Konsultationsräume und Arbeitsmöglichkeiten für die Presse werden bereitgestellt.

Verantwortlich: Leiter des Sekretariats des Ministerrates

2. Für die neuen Parteien und politischen Gruppen des Runden Tisches, die für ihre politische Arbeit Räume brauchen, wird vorläufig das Gebäude der Kreisleitung der SED-PDS Berlin-Mitte (Friedrichstraße 165) möbliert bereitgestellt. Die Aufteilung der Räumlichkeiten wird mit den künftigen Nutzern vereinbart.

Weitere für die Herstellung der Arbeitsfähigkeit erforderliche Büroausstattung ist beim Sekretariat des Ministerrates anzufordern und wird gegebenenfalls durch Umverteilung zur Verfügung gestellt.

Das Sekretariat des Ministerrates schließt mit der Bezirksleitung der SED-PDS Berlin einen entsprechenden Nutzungsvertrag ab, klärt die vermögensrechtlichen Fragen und übernimmt die Finanzierung.

Diese Regelung gilt bis 1. Juni 1990. Danach wird die Nutzung des Gebäudes in Übereinstimmung mit dem Eigentümer und den Nutzern neu geregelt.

3. Zur Verbesserung ihrer Arbeitsmöglichkeiten können jeder der neuen Parteien und politischen Gruppen zwei PKW aus dem Bestand des Sekretariats des Ministerrates zur Verfügung gestellt werden.

Termine der Übernahme der PKW und damit im Zusammenhang stehende Fragen sind zu vereinbaren.

Verantwortlich für die Abwicklung: Leiter des Sekretariats des Ministerrates

4. *Freistellung von der beruflichen Tätigkeit*

4.1. Die Teilnehmer des Runden Tisches und die von ihnen bestätigten Mitglieder der Arbeitsgruppen sowie die Mitarbeiter des Arbeitssekretariats (nachfolgend Vertreter am Runden Tisch genannt) können von ihrer beruflichen Tätigkeit freigestellt werden, soweit es für die Wahrnehmung ihrer Aufgaben am Runden Tisch unbedingt erforderlich ist.

Auf Vorschlag des Arbeitssekretariats des Runden Tisches stellt das Ministerium für Arbeit und Löhne eine Freistellungsbescheinigung zur Vorlage gegenüber den Betrieben, Genossenschaften und Einrichtungen aus.

4.2. Die Teilnehmer des Runden Tisches auf der Bezirks-, Kreis-, Stadt- und Gemeindeebene können ebenfalls von ihrer beruflichen Tätigkeit zeitweilig freigestellt werden, soweit es für die Wahrnehmung ihrer Aufgaben am Runden Tisch unbedingt erforderlich ist.

Die erforderlichen Freistellungsbescheinigungen werden vom Vorsitzenden des zuständigen örtlichen Rates ausgestellt.

4.3. In Übereinstimmung mit den Festlegungen für die Abgeordneten der Volksvertretungen gelten folgende Regelungen für Ausgleichs- bzw. Entschädigungszahlungen:

– Vertreter am Runden Tisch, die in einem Arbeitsrechtsverhältnis stehen, erhalten von ihrem Betrieb für die Zeit der Freistellung von der Arbeit einen Ausgleich in Höhe ihres Durchschnittslohns. Ist der tatsächliche Verdienstausfall höher, wird ihnen vom Betrieb als Ausgleich der Betrag gezahlt, den sie als Verdienst erzielt hätten. Die Freistellung darf nicht zu einer Minderung der Jahresendprämie führen.

– Vertreter am Runden Tisch, die Mitglieder von Produktionsgenossenschaften sind, erhalten durch die Produktionsgenossenschaft für die Zeit der Freistellung einen Ausgleich in Höhe ihrer bisherigen Durchschnittsvergütung. Die Berechnung des Ausgleichs für Vertreter am Runden Tisch, die Mitglieder von landwirtschaftlichen Produktionsgenossenschaften, gärtnerischen Produktionsgenossenschaften sowie von Produktionsgenossenschaften werktätiger Fischer sind, erfolgt auf der Grundlage des Durchschnitts der im letzten Kalenderjahr geleisteten Arbeitseinheiten und der im Betriebsplan der Genossenschaften festgelegten Geld- und Naturalvergütung je Arbeitseinheit. Die Berechnung des Ausgleichs für Vertreter am Runden Tisch, die Mitglieder von Produktionsgenossenschaften des Handwerks sind, erfolgt gemäß Ziffer 4.3. – 1. Stabstrich.

Im Ausnahmefall können auf Antrag der Produktionsgenossenschaft durch den zuständigen örtlichen Rat die für die Ausgleichszahlung aufgewandten Mittel ganz oder teilweise erstattet werden.

– Vertreter am Runden Tisch, die Kommissionshändler, selbständige Handwerker, Gewerbetreibende oder sonstige selbständig bzw. freiberuflich Tätige sind, erhalten auf Antrag für den ihnen durch die Wahrnehmung ihrer Aufgaben entstehenden Verdienstausfall eine Entschädigung vom zuständigen örtlichen Rat. Der Verdienstausfall ist durch Vorlage des Steuerbescheides zu belegen. Die Entschädigungen werden wie Einkünfte aus der jeweiligen Erwerbstätigkeit besteuert und unterliegen der Beitragspflicht zur Sozialversicherung. Die Entschädigung für Verdienstausfall beträgt bis zu 10 M je Stunde, im Höchstfall 80 M täglich. Ist es Vertretern am Runden Tisch nicht möglich, einen Nachweis über ihren Verdienstausfall zu erbringen, entscheidet der zuständige örtliche Rat über die Höhe der zu zahlenden Entschädigung.

5. *Finanzierung*

5.1. Die Aufwendungen für die Durchführung der Gespräche des Runden Tisches werden auf der Grundlage eines Nachweises aus dem Haushaltsplan des Sekretariats des Ministerrates finanziert.

Verantwortlich: Leiter des Sekretariats des Ministerrates
Minister der Finanzen und Preise

5.2. Die Aufwendungen für die Tätigkeit der Parteien, gesellschaftlichen Organisationen und politischen Gruppen wie Nutzungsentgelte, Bewirtschaftungskosten und für politische Arbeit werden bis zur Verabschiedung eines Parteien- und Vereinigungsgesetzes aus Mitteln des Staatshaushalts vorfinanziert.

Der Aufwand für hauptamtliche Kräfte der Parteien, gesellschaftlichen Organisationen und politischen Gruppen wird entsprechend dem gesonderten Vorschlag der Vertreter des Runden Tisches ebenfalls aus dem Staatshaushalt vorfinanziert.

Für die Dauer der Vorfinanzierung aus dem Staatshaushalt ist durch die Parteien, gesellschaftlichen Organisationen und politischen Gruppen dem Minister der Finanzen und Preise ein Finanzierungsvorschlag zu den genannten Hauptaufwendungen unter Berücksichtigung aller eigenen Einnahmen vorzulegen.

Die Kontrolle über die aus dem Staatshaushalt vorfinanzierten Mittel wird durch die Volkskammer geregelt.

Verantwortlich: Minister der Finanzen und Preise in Zusammenarbeit mit den zuständigen Vertretern des Runden Tisches

5.3. Bis zur Verabschiedung des Parteien- und Vereinigungsgesetzes trifft der Präsident der Staatsbank folgende Sonderregelung:

Die Staatsbank stellt Kredite bis zur Höhe von 6 Mio. M zur Finanzierung von Ausrüstungen und Materialien an Parteien, gesellschaftliche Organisationen und politische Gruppen des Runden Tisches bereit.

Der Präsident der Staatsbank legt im Rahmen der gesetzlichen Bestimmungen die Kreditbedingungen fest.

Verantwortlich: Präsident der Staatsbank der DDR

6. Zugang zu den Medien

Den Parteien, gesellschaftlichen Organisationen und politischen Gruppen ist entsprechend der in der Verfassung verankerten Pressefreiheit der Zugang zu den Medien garantiert. Die dem Ministerrat unmittelbar unterstellten Medien — ADN, Rundfunk und Fernsehen — werden verpflichtet, dafür Sorge zu tragen, daß die aktuelle Information über die Arbeit und die Aktivitäten der Parteien, gesellschaftlichen Organisationen und politischen Gruppen kontinuierlich gewährleistet wird.

In Vorbereitung der Wahlen am 6. Mai 1990 sind den sich zur Wahl Stellenden Sendezeiten im Rundfunk und im Fernsehen zur Verfügung zu stellen.

Verantwortlich: Generaldirektor des Allgemeinen Deutschen Nachrichtendienstes, Generalintendant des Rundfunks der DDR, Generalintendant des Fernsehens der DDR

Termin: sofort

7. Bereitstellung von Papierkontingenten, Druckkapazitäten und Lizenzierungen

7.1. Die neuen Parteien und politischen Gruppen haben das Recht auf eigene Publikationen.

Zur Herausgabe neuer Presseerzeugnisse ist eine Lizenz erforderlich. Diese ist zu beantragen:

a) Für zentrale periodisch erscheinende Presseerzeugnisse beim Leiter des Presse- und Informationsdienstes der Regierung der DDR, 1086 Berlin, Otto-Grotewohl-Straße 19 D.

b) Für regional periodisch erscheinende Presseerzeugnisse beim jeweiligen Vorsitzenden des Rates des Bezirkes.

Im formlosen Antrag muß unbedingt enthalten sein:

- Titel
- Herausgeber
- Erscheinungsweise
- Seitenumfang
- Format
- Auflagenhöhe.

7.2. Auf der Grundlage der erteilten Lizenz sind eigenverantwortlich mit Druckereien aller Eigentumsformen Wirtschaftsverträge zur Herstellung der Zeitungen/Zeitschriften abzuschließen. Erforderlichenfalls ist durch das Sekretariat des Ministerrates Unterstützung zu gewähren.

7.3. Für andere Druckerzeugnisse, wie Broschüren, Plakate, Handzettel usw., sind keine Druckgenehmigungen bzw. Lizenzen erforderlich. Die Parteien, gesellschaftlichen Organisationen und politischen Gruppen sind berechtigt, mit entsprechenden Druckereien aller Eigentumsformen auf vertraglicher Basis die kurzfristige Herstellung solcher Druckerzeugnisse zu vereinbaren.

7.4. Für die Bereitstellung der erforderlichen Papiermengen und Papiersorten sind die Druckereien verantwortlich. Entscheidungen zur zusätzlichen Bereitstellung sind durch das jeweils übergeordnete Organ der Druckereien bzw. die Versorgungskontore Papier und Bürobedarf zu treffen.

Der Vorsitzende der Staatlichen Plankommission wird bevollmächtigt, auf Anforderung des Bilanzorgans über erforderliche zusätzliche Papierkontingente bis zu einer Höhe von 2 Mio. VM zu Lasten der Zahlungsbilanz zu entscheiden.

8. *Kommunikation und Pressevertrieb*

8.1. Das Ministerium für Post- und Fernmeldewesen wird beauftragt,

– den Vertrieb von Presseerzeugnissen, die von neuen Parteien und politischen Gruppen herausgegeben werden, zu den »Allgemeinen Leistungsbedingungen für die Lieferung von Presseerzeugnissen an die Deutsche Post« zu sichern,

– die dem Ministerium für Post- und Fernmeldewesen übergebenen Abonnementsbestellungen für in der DDR vertriebene Presseerzeugnisse für den Eigenbedarf der zentralen Vorstände neuer Parteien und politischen Gruppen entsprechend den »Allgemeinen Bedingungen für den Vertrieb von Presseerzeugnissen im Abonnement« zu realisieren.

8.2. Das Ministerium für Post- und Fernmeldewesen hat die Einrichtung der für die Arbeitsfähigkeit der Parteien, gesellschaftlichen Organisationen und politischen Gruppen erforderlichen

- Fernsprechanschlüsse
- Telexanschlüsse
- Fernkopieranschlüsse

auf der Grundlage der entsprechenden gesetzlichen Bestimmungen zu gewährleisten.

Die Anträge zur Bereitstellung von Fernsprech-, Telex- und Fernkopieranschlüssen sind an das Ministerium für Post- und Fernmeldewesen zu richten.

8.3. Der Minister für Außenwirtschaft wird beauftragt, eine zollrechtliche allgemeine Genehmigung für Parteien, gesellschaftliche Organisationen und politische Gruppen zur gebührenfreien Einfuhr von Vervielfältigungstechnik, Fernseh-, Videogeräten (Videokameras, -recorder), Videokassetten, Disketten und sonstigen visuellen nicht lesbaren Ton-, Daten- und Informationsträgern sowie anderer Bürotechnik zu erteilen.

Bei Grenzübertritt genügt die Vorlage einer Bescheinigung* der Parteien, gesellschaftlichen Organisationen und politischen Gruppen, die am Runden Tisch beteiligt sind, daß die einzuführenden Gegenstände zur Organisierung und Durchführung ihrer gesellschaftlichen Arbeit erforderlich sind.

Die Zollverwaltung ist anzuweisen, in diesem Zusammenhang jegliche Unterstützung zu gewähren.

Verantwortlich: Minister für Außenwirtschaft, Leiter der Zollverwaltung

9. Die Räte der Bezirke, Kreise, Städte und Gemeinden werden beauftragt, entsprechend den Grundsätzen dieses Beschlusses und ihren territorialen Möglichkeiten Unterstützungsmaßnahmen für die neuen Parteien und politischen Gruppen festzulegen.

Davon nicht berührt werden Finanzierungsfragen aus dem Staatshaushalt entsprechend Ziff. 5.2. dieses Beschlusses, die zentral entsprechend den eigenen Strukturen der Parteien und politischen Gruppen geregelt werden.

---

* Das Ministerium für Außenwirtschaft übergibt ein Muster dieser Bescheinigungen an alle am Runden Tisch beteiligten Parteien, gesellschaftlichen Organisationen und politischen Gruppen.

Eine Finanzierung von Parteien, gesellschaftlichen Organisationen und politischen Gruppen aus dem örtlichen Haushalt erfolgt nicht.

10. Zur Durchführung des Beschlusses wird im Einvernehmen mit den Teilnehmern des Runden Tisches eine ständige Arbeitsgruppe mit fest zu benennenden Teilnehmern vereinbart, die regelmäßig Beratungen durchführt.

11. Herr Dr. Günter Hegewald, Abteilungsleiter im Sekretariat des Ministerrates, wird als Beobachter am Runden Tisch vorgeschlagen. Er fungiert gleichzeitig als Vermittler bei der materiell-technischen und finanzmäßigen Unterstützung der neuen Parteien und politischen Gruppen.

Anlage 2
Erklärung des Vorsitzenden des Ministerrates der DDR, Hans Modrow, vor den Teilnehmern am Runden Tisch 15. Januar 1990

Sehr geehrte Damen und Herren!
Es ist mir schwergefallen, Ihrer Einladung nachzukommen, und es ist unumgänglich, daß ich Sie nach etwa einer Stunde verlasse, um bei der Neujahrsbegegnung mit dem Diplomatischen Corps anwesend zu sein.

Nehmen Sie mein Kommen heute – einen weiteren Vorschlag werde ich Ihnen gleich machen – als Zeichen des guten Willens und vor allem der großen Sorge um die innenpolitische Situation.

In der jüngsten Regierungserklärung habe ich von den Unruhigen im Lande gesprochen, die für eine weitere demokratische Entwicklung gebraucht werden. Zugleich sind -- und das ist kein Widerspruch – Vernunft und Augenmaß erforderlich, damit die DDR nicht aus den Fugen gerät. Käme es dahin, und manche scheinen das zu wollen, würde den Bürgern dieser Republik wie denen der Bundesrepublik *und* der politischen

Stabilität Europas der denkbar schlechteste Dienst erwiesen, ja ein schwarzer Tag bereitet.

Wir alle stehen in der Verantwortung, dies zu verhindern. Deshalb appelliere ich an die Bürger der DDR, Besonnenheit zu wahren. Ich fordere eine Reihe von Politikern und Medien der Bundesrepublik Deutschland noch einmal auf, die DDR nicht zum Tummelplatz der Einmischung zu machen. Und ich bitte die Vertreter aller Parteien und Gruppierungen hier am Runden Tisch, den Ministerpräsidenten und seine Regierung an ihrer Aufgabe nicht zerbrechen zu lassen, sondern dafür zu sorgen, daß sie die notwendige Arbeit tun können.

Jeder, der politische Verantwortung beansprucht, kann an einen Punkt kommen, an dem er sich zwischen Allgemeinwohl und parteipolitischem Ziel zu entscheiden hat. Ich habe mich mit Übernahme meines Amtes für die Arbeit im Interesse *aller* Bürger entschieden. Es wäre ein Gebot der Fairneß, dies anzuerkennen. Es wäre den Bürgern der DDR dienlich, bei dieser Arbeit zu helfen.

Ich hoffe, daß die heute zur Erörterung stehenden Sachfragen diesmal durch die Regierungsvertreter zufriedenstellend beantwortet werden können. Aus der am 8. Januar geäußerten Kritik habe ich Konsequenzen gezogen. Herr Koch wurde von seiner Funktion als Regierungsbeauftragter für die Auflösung des Amtes für Nationale Sicherheit entbunden.

Ich nehme diese Gelegenheit wahr, den Vertretern der evangelischen und der katholischen Kirche sowie der Arbeitsgruppe Christlicher Kirchen für ihr großes Bemühen um den Runden Tisch und den inneren Frieden der DDR zu danken.

In meiner Erklärung in der Volkskammer am 11. Januar habe ich bereits die wichtige, ja unverzichtbare Arbeit des Runden Tisches hervorgehoben, die für die demokratische Erneuerung geleistet wird. Ich wiederhole und betone:

Die Regierung braucht und sucht den Rat der am Runden Tisch beteiligten Parteien und Gruppierungen. Die Demokratisierung ebenso wie die Stabilisierung und Reform der Wirtschaft erfordern den Konsens aller verantwortungsbewußten

Kräfte. Daß er streitbar herbeigeführt werden muß, ergibt sich aus dem politischen Pluralismus nicht nur an diesem Tisch, insbesondere aber aus der komplizierten Situation in der DDR. Ein anderes Verständnis zum Runden Tisch hatte und habe ich nicht.

Mein Anliegen an Sie umfaßt drei Hauptsachen:

Erstens und vor allem sollten wir gemeinsam dafür Sorge tragen, daß die weitere innenpolitische Entwicklung sich friedlich vollzieht, das humanistische Wort der im Oktober begonnenen Revolution »Keine Gewalt!« gültig bleibt. Das gebietet die Verantwortung für Leben und Gesundheit der Bürger ebenso wie unsere Verantwortung vor der Welt.

Zweitens bitte ich Sie mitzuhelfen, daß die Arbeit in allen Bereichen der Wirtschaft ungestört und so produktiv wie möglich geleistet werden kann, damit das tägliche Leben in normalen Bahnen verläuft und die Reformprozesse fortgesetzt werden können. Dies sehe ich auch als notwendige Voraussetzung für eine hohe Wirksamkeit der von der Bundesrepublik Deutschland zugesagten solidarischen Unterstützung.

Drittens bitte ich Sie, Ihren politischen Einfluß geltend zu machen, damit die Bürger der DDR in ihrer angestammten Heimat bleiben. Niemand kann nach rund acht Wochen Regierungsarbeit Wunder erwarten. Ich versichere jedoch allen Bürgern der DDR: Unser Land hat die realistische Chance, durch eigene Anstrengungen und Hilfen von außen noch in diesem Jahr zu einer Stabilisierung von materieller Produktion und Versorgung zu kommen, die den Beginn einer Prosperität einleitet. Es lohnt sich, in der DDR zu bleiben.

Lassen Sie mich von dem Dargelegten ausgehend, die Vorschläge hervorheben und ergänzen, die meine Regierung dem Runden Tisch gemacht hat. Dies sind insbesondere:

– unmittelbare und verantwortliche Teilnahme an der Regierungsarbeit durch kompetente Persönlichkeiten,

– Mitwirkung in Kommissionen, Arbeitsgruppen und anderen Gremien der Regierung sowie ihrer Organe, einschließlich des Wirtschaftskomitees,

— Einbringen inhaltlicher Vorstellungen für mein nächstes Treffen mit dem Bundeskanzler der BRD, insbesondere für den Inhalt der Vertragsgemeinschaft,

— Teilnahme einer Gruppe von Vertretern des Runden Tisches an dem Arbeitstreffen mit dem Kanzler der BRD,

— Mitwirken an der Vorbereitung von Gesetzen sowie Verordnungen und anderen wichtigen Entscheidungen des Ministerrates mit dem Ziel, die Regierungsarbeit effizienter zu machen. Ich denke hier an die Mitarbeit zur Ausgestaltung notwendiger Reformen, die vor dem 6. Mai zum Tragen kommen sollen, sowie zur Arbeit der DDR im RGW, aber auch und besonders an ein Mitwirken an Regelungen und wirksameren Methoden für den raschen Wiedereinsatz freiwerdender bzw. freigewordener Kräfte.

Gewünschte Offenlegung von wirtschaftlichen Zusammenhängen und Daten werden wir Ihnen nach rechtzeitiger Vereinbarung gewährleisten.

Was die Auflösung des Amtes für Nationale Sicherheit und die ursprünglich vorgesehenen beiden Ämter betrifft, verweise ich auf meine Ausführungen in der jüngsten Volkskammertagung. Danach wird es bis zum 6. Mai keine neuen Ämter geben. Über die weitere Auflösung des Amtes für Nationale Sicherheit wird die Regierung öffentlich informieren. Heute werden Ihnen die Regierungsvertreter an Hand von Beschlüssen des Ministerrates bereits Einzelheiten erläutern. Ich bitte erneut um Ihre Mitarbeit bei der zivilen Kontrolle der Auflösung des genannten Amtes.

Es ist uns sehr daran gelegen, daß die Arbeiten am Parteiengesetz und am Wahlgesetz von allen Beteiligten zügig vorangebracht werden.

Ausgehend von den hier dargelegten Hauptanliegen der Regierung und von Vorschlägen des Runden Tisches, werden weiterhin Vertreter der Regierung mit Sachkompetenz und Vollmachten den Beratungen am Runden Tisch zur Verfügung stehen.

Angesichts von Gewicht und Dringlichkeit der anstehenden

Probleme schlage ich vor, daß meine Stellvertreter Luft und Moreth, die weiteren Mitglieder des Ministerrates Fischer, Meyer und Wünsche sowie ich am 22. Januar am Runden Tisch ausführlich Gelegenheit haben, Ihre Ansichten zu erfahren, die eigene Meinung darzulegen sowie auf Fragen zu antworten.

Lassen Sie mich wiederholen: Es ist mein besonderes Anliegen, daß die Regierung mit Ihrer Unterstützung handlungsfähig bleibt.

Entsprechend der Tagesordnung werden Sie nun den Bericht der Regierung zur inneren Sicherheit, erstattet durch den Minister für Innere Angelegenheiten, Herrn Ahrendt, sowie den Zwischenbericht über den Stand der Auflösung des Amtes für Nationale Sicherheit entgegennehmen. Dazu wird der von mir beauftragte Herr Manfred Sauer, Stellvertretender Leiter des Sekretariats des Ministerrates, sprechen.

Wenn Sie gestatten, möchte ich zum zweiten Bericht noch folgendes erklären:

1. Das Material, von dem Sie und über die Medien die Bürger unseres Landes Kenntnis erhalten werden, war Gegenstand mehrerer Beratungen, schließlich auch im Ministerrat am Wochenende. Dabei ging es vorrangig darum, bei der Erarbeitung des Zwischenberichtes all jene berechtigten Kritiken zu berücksichtigen, die sowohl hier am Runden Tisch als auch in der Volkskammer an der ungenügenden Offenlegung der Tatsachen geübt worden sind. D. h., wir haben mit aller Entschiedenheit darauf gedrungen, daß hier eine intensive und gründliche Prüfung und Aufarbeitung erfolgt, entscheidende Voraussetzung für ein wirksames, beschleunigtes Vorgehen bei der Auflösung des Amtes für Nationale Sicherheit und bei der Beseitigung der alten Strukturen des ehemaligen MfS.

2. Gleichzeitig wurde und wird die Regierungskommission umgebildet, sie erhält einen neuen Leiter und wird durch Mitarbeiter mit Kompetenz verstärkt. Durch diese Maßnahmen sowie durch die Festlegung exakter Termine für die nächsten Etappen der Auflösung des Amtes für Nationale Sicherheit

wird es möglich sein, diesen Prozeß früher abzuschließen als ursprünglich vorgesehen. Natürlich werden wir darüber den Runden Tisch und unsere Bürger stets auf dem laufenden halten.

3. Schließlich möchte ich hier noch einmal die Kooperationsbereitschaft meiner Koalitionsregierung bekräftigen. Es sollte nicht nur zu einem engeren Zusammenwirken unseres Regierungsbeauftragten mit der Arbeitsgruppe Sicherheit des Runden Tisches kommen, sondern es steht auch – ich möchte das noch einmal sagen – das Angebot an die Teilnehmer des Runden Tisches, ab sofort durch zivile Kontrolle an der Arbeit der Regierung zur Auflösung des Amtes für Nationale Sicherheit mitzuwirken. Wir sind auch bereit, wenn erforderlich, die Arbeitsgruppe Sicherheit des Runden Tisches durch Fachleute der Regierung zu unterstützen.

Um abzuschließen: Ich hoffe auf ein enges Zusammenwirken Regierung–Runder Tisch. Es geht nicht nur darum, auch auf diesem Gebiet die Vergangenheit aufzuarbeiten. Es geht auch und vor allem darum, die Ursachen für bestehende Ängste ein für allemal zu beseitigen und Vertrauen zueinander zu schaffen. Ohne dieses Vertrauen zueinander ist ein Vorankommen auf dem Wege der demokratischen Erneuerung nicht möglich. Darin sollte es – das ist mein sehnlichster Wunsch – nicht nur hier am Runden Tisch, sondern in unserem ganzen Lande Einvernehmen geben.

Anlage 3
Aus der Abschlußerklärung des Runden Tisches vom 12. März 1990

Der neu zu wählenden Volkskammer und der aus ihr hervorgehenden Regierung übermittelt der Runde Tisch folgende politischen Empfehlungen:

1. Vordringlich ist es, die soziale Stabilität der DDR aus

eigener Anstrengung und mit Unterstützung der BRD und anderer Länder zu bewahren und wieder zu festigen. Fortgesetzte Abwanderungen würden in beiden deutschen Staaten zu Spannungen und Konflikten führen, die nicht mehr beherrschbar wären, den vertraglich geregelten Weg in die deutsche Einheit gefährden und die europäische Sicherheit empfindlich belasten würden.

2. Die DDR muß in erster Linie ihrer eigenen Verantwortung für die Erhöhung der wirtschaftlichen Leistungsfähigkeit nachkommen. Das verlangt zügige und konsequente Fortführung der Wirtschaftsreform, in deren Mittelpunkt der Übergang zu einer sozial und ökologisch verpflichteten Marktwirtschaft steht.

3. Die deutsche Einheit sollte unter Wahrung des Selbstbestimmungsrechtes der Bürger mit der gleichberechtigten Einbringung beider deutscher Staaten und Berlins herbeigeführt werden. Dazu sind gemeinsam die erforderlichen rechtsstaatlichen Voraussetzungen zu schaffen sowie die internationalen Verpflichtungen zu berücksichtigen.

4. Der Weg in die deutsche Einheit muß in den europäischen Einigungsprozeß eingeordnet sein. Das setzt die Anerkennung der existierenden Grenzen zu den Nachbarländern voraus und bleibt Ziel einer künftigen europäischen Friedensordnung. Die auf deutschem Boden befindlichen ausländischen wie eigenen Militärpotentiale sollten ohne Veränderung der Einflußbereiche der Blöcke schrittweise im Rahmen des KSZE-Prozesses mit dem Ziel ihrer vollständigen Auflösung abgebaut werden.

5. Mit dem Runden Tisch und der Arbeit in Ausschüssen und Arbeitsgruppen, in denen neben den Parteien und Bewegungen auch viele Initiativgruppen und Einzelpersönlichkeiten mitwirkten, sind viele neue Erfahrungen konsequenter Demokratiegestaltung verbunden, die erhalten bleiben und im Sinne basisdemokratischer Prinzipien rechtlich fixiert werden sollten. Das ist auch künftig von Bedeutung für die öffentliche Transparenz und die Beratung der Volkskammer sowie der

Regierung bei Entscheidungen von gesellschaftlicher Tragweite. Geschaffen werden sollten Möglichkeiten, um die Mitarbeit von Parteien, Bürgerinitiativen und Minderheiten zu
gewährleisten, die nicht im Parlament vertreten sind.

6. Der Runde Tisch hebt die für seine Arbeit charakteristisch
gewordene Kultur des politischen Streits hervor, die vor allem
darin zum Ausdruck kommt, die Meinung des Andersdenkenden zu respektieren, gemeinsam nach konstruktiven Lösungen
zu suchen und durch Bürgernähe Vertrauen zu schaffen.

Das sollte um so mehr für den Wahlkampf und die Wahlen
selbst gelten. Sofern noch Arbeitsgruppen des Runden Tisches
tätig sind, sollten sie unter diesen Prämissen ihre Arbeit zur
Unterstützung der jeweiligen staatlichen Organe bis zur Neu-
bildung der Regierung fortsetzen und auf die Einhaltung der
Beschlüsse des Runden Tisches achten.

Der Runde Tisch dankt abschließend sehr herzlich seinen
Moderatoren und den Leitungen der Kirchen für die ausgewo-
gene sachkundige Führung des Dialogs. Dank gilt der Regierung von Ministerpräsident Modrow, der Volkskammer, den
in- und ausländischen Medien für die Arbeitsbedingungen und
die öffentliche Wirksamkeit.

Anlage 4
**Entwurf des Vertrages
über Zusammenarbeit und gute Nachbarschaft zwischen
der Deutschen Demokratischen Republik und der
Bundesrepublik Deutschland
17. Januar 1990**

Die Deutsche Demokratische Republik und die Bundesrepublik Deutschland,
    getragen von dem gemeinsamen Willen, Frieden, Freiheit,
Demokratie und Menschenrechte in einem vereinten Europa
zu verwirklichen,

ausgehend von ihrer gemeinsamen nationalen Geschichte, Sprache, Kultur sowie anderen ethnischen Gemeinsamkeiten und dem Bestehen zweier Staaten im Rahmen einer deutschen Nation,

in dem Bewußtsein, daß die Annäherung und Verflechtung der Beziehungen zwischen den beiden deutschen Staaten im Einklang mit dem Zusammenwachsen der europäischen Staaten in einer europäischen Friedensordnung erfolgen muß,

in fester Absicht, eine Vertragsgemeinschaft als neue Dimension der gegenseitigen Beziehungen zwischen der Deutschen Demokratischen Republik und der Bundesrepublik Deutschland zu gestalten, die den Weg zu einer Konföderation bahnt, in der die Deutschen in beiden Staaten über ihr künftiges Zusammenleben im Einklang mit ihren Nachbarn entscheiden können, sind wie folgt übereingekommen:

Artikel 1
Die Deutsche Demokratische Republik und die Bundesrepublik Deutschland (im weiteren die Vertragschließenden Seiten) werden auf der Basis des »Vertrages über die Grundlagen der Beziehungen zwischen der Deutschen Demokratischen Republik und der Bundesrepublik Deutschland« vom 21. Dezember 1972 sowie auf der Basis der Schlußakte von Helsinki und aller anderen Dokumente des KSZE-Prozesses durch enge und umfassende Vertragsbeziehungen der guten Nachbarschaft eine Vertragsgemeinschaft zum Wohle der Menschen sowie zur Stärkung der europäischen Friedensordnung entwickeln.

Durch die Vertragsgemeinschaft soll die politische, wirtschaftliche, umwelt-, energie- und verkehrspolitische, kulturelle und abrüstungspolitische Zusammenarbeit zwischen beiden deutschen Staaten gefördert und ihr eine neue Qualität verliehen werden.

Artikel 2
(1) Die Vertragschließenden Seiten kommen überein, als Organ der Vertragsgemeinschaft eine paritätisch zusammenge-

setzte Politische Konsultativkommission zu bilden. Sie steht unter Leitung des Vorsitzenden des Ministerrates der Deutschen Demokratischen Republik und des Bundeskanzlers der Bundesrepublik Deutschland.

(2) Die Politische Konsultativkommission hat die Aufgabe, Grundfragen der Ausgestaltung der Vertragsgemeinschaft und ihrer Weiterentwicklung zur Konföderation zu beraten, die Tätigkeit bestehender und zu bildender gemeinsamer Gremien zu koordinieren sowie Empfehlungen an die Parlamente und Regierungen beider Staaten zur Entwicklung von Beziehungen guter Nachbarschaft auszuarbeiten.

(3) Die Zusammensetzung und Geschäftsordnung der Politischen Konsultativkommission werden zwischen den Regierungen der Deutschen Demokratischen Republik und der Bundesrepublik Deutschland gesondert vereinbart.

(4) Die Ministerien und andere Institutionen der Deutschen Demokratischen Republik und der Bundesrepublik Deutschland können für die Realisierung der Zusammenarbeit in ihrer jeweiligen Zuständigkeit paritätisch zusammengesetzte gemeinsame Gremien bilden, die Empfehlungen an die Politische Konsultativkommission sowie an die Regierung der Deutschen Demokratischen Republik und die Regierung der Bundesrepublik Deutschland ausarbeiten.

Artikel 3
Die Vertragschließenden Seiten werden alle in der Schlußakte von Helsinki und den anderen KSZE-Dokumenten eingegangenen Verpflichtungen beispielhaft erfüllen. Sie ergreifen eigene sowie gemeinsame Initiativen für die Entwicklung zu einer neuen Qualität des KSZE-Prozesses, die dem gesellschaftlichen Wandel in Europa entspricht, mit dem Ziel, eine dauerhafte europäische Friedensordnung zu gestalten und den Prozeß des konföderativen Zusammenschlusses der Staaten Europas zu fördern.

Artikel 4
Die Vertragschließenden Seiten gehen davon aus, daß die europäischen Nachkriegsgrenzen unverletzlich sind, und erklären feierlich, daß sie keine Gebietsansprüche an einen anderen europäischen Staat haben.

Artikel 5
(1) Die Vertragschließenden Seiten leisten jeder für sich, gemeinsam sowie im Rahmen der jeweiligen Bündnisse, denen sie angehören, konkrete Beiträge zur Abrüstung und Rüstungskontrolle mit dem Ziel einer gegenseitigen strukturellen Angriffsunfähigkeit.

(2) Die Vertragschließenden Seiten unterstützen die Durchführung vertrauens- und sicherheitsbildender Maßnahmen, insbesondere in Europa, und die Vereinbarung weiterer Maßnahmen auf diesem Gebiet. Dazu streben sie nach kooperativen Sicherheitsstrukturen zwischen ihren Streitkräften, von denen positive Impulse für die Entwicklung des Vertrauensverhältnisses zwischen den Streitkräften beider Paktsysteme in Europa ausgehen.

Artikel 6
(1) Mit dem Ziel, praktische Solidarität zu üben und soziale Gerechtigkeit zu sichern, streben die Vertragschließenden Seiten an, die Bedingungen für die Lebensqualität in beiden deutschen Staaten anzugleichen.

Zu diesem Zweck streben sie die Schaffung eines Wirtschaftsverbunds auf der Basis marktwirtschaftlicher Prinzipien, die in ihrer sozialen und ökologischen Orientierung auf das Wohl der Bürger ausgerichtet sind, an.

Beide Seiten fördern alle Aktivitäten, die sich in Übereinstimmung mit den Entwicklungszielen und Bedürfnissen der nationalen und internationalen Märkte befinden. Sie ziehen neue, zukunftsorientierte Bereiche stärker in die Zusammenarbeit ein. Sie entwickeln qualitativ neue Formen der Zusammenarbeit und schaffen dafür entsprechende Institutionen.

(2) Die Vertragschließenden Seiten werden darüber hinaus insbesondere folgende Aufgaben mit Blick auf die gegenwärtige und zukünftige Rolle beider deutscher Staaten im gesamteuropäischen Rahmen in den Mittelpunkt ihrer Vertragsgemeinschaft stellen:

— Vereinbarung eines Währungsverbunds

— Ausbau der Infrastruktur, insbesondere der Kommunikationsnetze und des Verkehrs

— Verwirklichung eines gemeinsamen Programms zur wirksamen Verminderung und Vorbeugung der Umweltverschmutzung sowie zur Herstellung gesunder Umweltverhältnisse.

(3) Sie messen der engen wirtschaftlichen Zusammenarbeit zwischen Regionen beider Staaten hohe Bedeutung zu und schaffen geeignete Rahmenbedingungen für das Wirken regionaler Institutionen.

(4) Die Vertragschließenden Seiten werden sich für ein enges Zusammenwirken zwischen den Europäischen Gemeinschaften und dem Rat für Gegenseitige Wirtschaftshilfe und deren Mitgliedstaaten auf der Grundlage der getroffenen Vereinbarungen einsetzen.

(5) Die Bundesrepublik Deutschland wird einen Antrag der Deutschen Demokratischen Republik auf Mitgliedschaft in der Europäischen Wirtschaftsgemeinschaft unterstützen.

(6) Zur Erreichung der in den Absätzen 1 und 2 vereinbarten Ziele werden die Vertragschließenden Seiten die Zusammenarbeit auf den in den Artikeln 7 bis 16 genannten Gebieten entwickeln.

Artikel 7

(1) Die Vertragschließenden Seiten fördern und unterstützen die allseitige Entwicklung der wirtschaftlichen und wissenschaftlich-technischen Zusammenarbeit zwischen Unternehmen und Institutionen beider Staaten, die auf solchen Gebieten wie Industrie, Bauwesen, Land- und Forstwirtschaft, Außen- und Binnenhandel, Handwerk und Gewerbe sowie Bank- und Versicherungswesen tätig sind, ungeachtet ihrer

Eigentumsform auf der Grundlage der Gleichberechtigung und des gegenseitigen Vorteils.

Sie werden sich aller wirtschafts- und finanzpolitischen Maßnahmen enthalten, die der jeweils anderen Seite Schaden zufügen oder die Wettbewerbsposition ihrer Unternehmen einseitig verschlechtern könnten.

(2) Die Vertragschließenden Seiten fördern und unterstützen zu diesem Zweck die Bildung und Tätigkeit paritätisch zusammengesetzter gemeinsamer Kommissionen, deren Aufgabe vor allem darin besteht, Fragen der gegenseitigen Wirtschaftsbeziehungen zu erörtern, wirtschaftliche und kommerzielle Informationen auszutauschen, Maßnahmen zum Abbau von Handelshemmnissen zu beraten und zu vereinbaren sowie wirtschaftspolitische Streitfälle zu lösen. Die Kommissionen werden des weiteren dahingehend wirken, Direktkontakte zwischen Unternehmen, die ihren Sitz in einem der Partnerstaaten haben, zu erleichtern und ihren Regierungen dazu entsprechende Vorschläge unterbreiten.

Die Vertragschließenden Seiten informieren sich im Rahmen dieser Kommissionen gegenseitig rechtzeitig über vorgesehene wirtschaftspolitische Maßnahmen, die wesentliche Auswirkungen auf die Geschäftsbedingungen der jeweils anderen Seite und ihrer Unternehmen haben könnten.

(3) Die Vertragschließenden Seiten messen der weiteren Einbeziehung ihrer Volkswirtschaften in die internationale Arbeitsteilung große Bedeutung bei und treten dafür ein, daß alle Staaten in den Genuß der Vorzüge der internationalen Arbeitsteilung kommen können. Sie setzen sich im Rahmen ihrer Möglichkeiten dafür ein, bestehende Probleme und Hindernisse auf technologischem Gebiet in der Welt zu überwinden und langfristig tragfähigen ökonomischen Entwicklungskonzepten international zum Durchbruch zu verhelfen. Sie werden dazu ihre Zusammenarbeit im Rahmen der kompetenten internationalen Organisationen vertiefen.

Artikel 8

(1) Die Vertragschließenden Seiten fördern die Entwicklung einer vielfältigen Wissenschaftskooperation und widmen dabei der Verwirklichung des Abkommens über die Zusammenarbeit auf den Gebieten der Wissenschaft und Technik besondere Aufmerksamkeit. Sie fördern die ergebnisorientierte Projektarbeit zwischen den Partnern der wissenschaftlichen Zusammenarbeit und die Vertiefung von Direktkontakten zwischen Wissenschaftlern und zuständigen Institutionen beider Staaten.

(2) Die Vertragschließenden Seiten fördern alle Aktivitäten auf wirtschaftlichem, wissenschaftlichem und technischem Gebiet sowie im Bereich des Sozial- und Arbeitsrechts, die auf eine menschen- und umweltfreundliche Gestaltung des Technikeinsatzes gerichtet sind, und leiten dazu eigenständige und miteinander abgestimmte Maßnahmen ein.

(3) Zur Schaffung der günstigsten Bedingungen für diese Zusammenarbeit fördern und unterstützen die Vertragschließenden Seiten die Zusammenarbeit zwischen ihren zuständigen Organen auf dem Gebiet der technischen Normung, einschließlich der Normierung der Erfordernisse des Schutzes der Menschen, der Umwelt und von Sachwerten vor technischen oder natürlichen Gefahren, der Qualitätssicherung sowie des Schutzes des geistigen Eigentums.

Artikel 9

Die Vertragschließenden Seiten entwickeln und vertiefen ihre Zusammenarbeit auf finanz- und währungspolitischem Gebiet mit dem Ziel der Schaffung eines Währungsverbunds, um volkswirtschaftliche Nachteile aus unrealistischen Wechselkursen für beide Staaten zu vermeiden.

Artikel 10

(1) Die Vertragschließenden Seiten schaffen die rechtlichen Voraussetzungen für die Bildung und Tätigkeit von gemeinsamen Unternehmen mit dem Ziel, effektive Lösungen im

Bereich der Forschung und Entwicklung, der Produktion und des Absatzes zu erreichen. Die Vertragschließenden Seiten treffen die erforderlichen Vereinbarungen über den Schutz der Investitionen und den Gewinntransfer.

(2) Die Vertragschließenden Seiten fördern die Zusammenarbeit ihrer Unternehmen in beiden Partnerstaaten und unterstützen deren Zusammenarbeit auf dritten Märkten.

Artikel 11

(1) Die Vertragschließenden Seiten unterstützen die Zusammenarbeit auf den Gebieten des Bauwesens, des Städtebaus, der Architektur und der Raumordnung im Interesse der Schaffung und Erhaltung einer menschenfreundlichen Wohn- und Arbeitsumwelt. Sie orientieren auf gemeinsame Beispiellösungen zur Stadtsanierung als komplexer Prozeß von Stadtplanung und -gestaltung, Finanzierung und Bautätigkeit und werden entsprechende Initiativen der Bauunternehmen, Projektierungseinrichtungen und Architekturbüros fördern.

(2) Die Vertragschließenden Seiten unterstützen die Bildung von gemeinsamen Fachgruppen auf dem Gebiet des Bauwesens unter Einbeziehung von Unternehmen und Einrichtungen aller Eigentumsformen.

Artikel 12

Die Vertragschließenden Seiten unternehmen gemeinsame Anstrengungen zur Verwirklichung eines gemeinsamen Programms wirksamer Verminderung und Vorbeugung der Umweltverschmutzung sowie zur Herstellung gesunder Umweltverhältnisse. Hauptrichtungen der Zusammenarbeit sind die Reinhaltung der Luft, die rationelle Energieerzeugung und -anwendung, der Gewässerschutz, darunter auch die Entlastung der Elbe, der Naturschutz, die Erhaltung der Wälder, die Bewirtschaftung von Abprodukten sowie die kerntechnische Sicherheit im Rahmen der friedlichen Nutzung der Kernenergie und der Strahlenschutz. Zu diesem Zweck werden die Vertragschließenden Seiten einen breiten Informations- und Datenaustausch fördern und die Zusammenarbeit von Institutionen und Betrieben auf dem Gebiet der Forschung, der Entwicklung und des Einsatzes moderner Umwelttechnik unterstützen.

Die Zusammenarbeit erstreckt sich auch auf die Untersuchung von Rechtsfragen des Umweltschutzes und auf die Umwelterziehung.

Artikel 13

Die Vertragschließenden Seiten bauen ihre Beziehungen auf dem Gebiet des Verkehrswesens auf der Grundlage der bestehenden vertraglichen Regelungen aus und erschließen neue Bereiche der vertraglichen Zusammenarbeit mit dem Ziel, moderne, leistungsfähige Eisenbahn-, Straßen-, Wasserstraßen- und Luftverkehrsverbindungen zu schaffen, um den steigenden Anforderungen des Reise- und Güterverkehrs zwischen beiden Staaten gerecht zu werden und zugleich eine engere Verbindung innerhalb der europäischen Region zu fördern. Dazu werden sie auch die gemeinsame Planung moderner, umweltfreundlicher Verkehrswege, für die eine gesonderte Kommission eingesetzt wurde, vornehmen. Die Verkehrs- und die Transitkommission werden die Entwicklung der Verkehrsbeziehungen regelmäßig einschätzen und gemeinsame Empfehlungen an die Regierung der Deutschen Demokratischen Republik und die Regierung der Bundesrepublik Deutschland erarbeiten.

Die Vertragschließenden Seiten unterstützen die direkte Zusammenarbeit der Betriebe und Einrichtungen des Verkehrswesens, einschließlich der Bildung gemeinsamer Unternehmen.

Artikel 14

Die Vertragschließenden Seiten koordinieren ihre Maßnahmen zur Beschäftigung von Bürgern beider Seiten im jeweils anderen Staat unter Berücksichtigung der gegenseitigen Interessen. Sie arbeiten zur Förderung des sozialen Fortschritts in Fragen der sozialen Betreuung ihrer Bürger sowie auf dem Gebiet des Arbeitsschutzes zusammen.

Artikel 15

Die Vertragschließenden Seiten intensivieren ihre Zusammenarbeit auf dem Gebiet des Post- und Fernmeldewesens. Sie konzentrieren ihre Anstrengungen insbesondere auf den Ausbau des Fernmeldenetzes in der Deutschen Demokratischen Republik sowie auf die Erweiterung der Verbindungswege zwischen den Fernmeldenetzen in beiden Staaten und auf die Verbesserung des gegenseitigen Postverkehrs.

Die Vertragschließenden Seiten unterstützen den Aufbau eines leistungsfähigen Netzes grenzüberschreitender Telekommunikationswege im europäischen Rahmen.

Artikel 16

Die Vertragschließenden Seiten unterstützen die Entwicklung des touristischen und Reiseverkehrs zwischen beiden Staaten auf der Grundlage der Visafreiheit.

Sie fördern die Herausbildung der erforderlichen wirtschaftlichen Kooperationsbeziehungen, um eine Verbesserung der touristischen Infrastruktur zu erreichen.

Die Vertragschließenden Seiten werden unter Berücksichtigung des Bestehens unterschiedlicher Währungssysteme für eine schrittweise Verbesserung der Rahmenbedingungen für die Entwicklung des touristischen und Reiseverkehrs wirken.

Die Regierungen der Deutschen Demokratischen Republik und der Bundesrepublik Deutschland werden ein Abkommen über Zusammenarbeit auf dem Gebiet des Tourismus abschließen.

Artikel 17

Die Vertragschließenden Seiten vertiefen ihre Zusammenarbeit auf dem Gebiet des Gesundheitswesens auf der Grundlage des Abkommens zwischen der Regierung der Deutschen Demo-

kratischen Republik und der Regierung der Bundesrepublik
Deutschland vom 25. April 1974.

Sie unterstützen insbesondere die Entwicklung von Direktbeziehungen zwischen Einrichtungen des Gesundheitswesens,
medizinisch-wissenschaftlichen Instituten und wissenschaftlichen Gesellschaften in beiden Staaten.

Artikel 18

Die Vertragschließenden Seiten werden die zwischen ihnen
offenen Vermögensfragen einvernehmlich regeln.

Die Regierung der Deutschen Demokratischen Republik
und die Regierung der Bundesrepublik Deutschland werden
dazu entsprechende Verhandlungen aufnehmen.

Artikel 19

(1) Die Vertragschließenden Seiten verstärken ihre Zusammenarbeit im humanitären Bereich mit dem Ziel, ein möglichst
gleiches Niveau der Verwirklichung der zivilen, politischen,
wirtschaftlichen, sozialen und kulturellen Rechte für die Menschen in beiden deutschen Staaten zu erlangen. Sie tragen
damit zur Schaffung eines gemeinsamen europäischen Rechts-
raumes bei.

Zu diesem Zweck ergreifen die Vertragschließenden Seiten
die notwendigen Maßnahmen, um die jeweilige innerstaatliche
Gesetzgebung und Praxis in Übereinstimmung mit den
KSZE-Vereinbarungen im Menschenrechts- und humanitären
Bereich sowie der Konvention über die zivilen und politischen
Rechte und der Konvention über die wirtschaftlichen, sozialen
und kulturellen Rechte zu bringen.

(2) Die Vertragschließenden Seiten werden zu diesem Zweck
Kommissionen zu Fragen der Zusammenarbeit in Menschen-
rechts- und humanitären Fragen bilden, die Beziehungen zwischen den Parlamenten beider Staaten mit dem Ziel des gegenseitigen Informationsaustausches über die Entwicklung der
Menschenrechte im jeweiligen anderen Staat fördern, rechts-
vergleichende Untersuchungen kompetenter wissenschaftli-

cher Einrichtungen zu Frage der Gewährleistung der Menschenrechte in beiden deutschen Staaten anregen und Beziehungen zwischen nichtstaatlichen Institutionen, die sich mit Menschenrechten befassen, unterstützen.

Artikel 20
Die Vertragschließenden Seiten fördern die freie, wahrheitsgerechte und umfassende Information als Ausdruck des Bemühens um Verständnis und Vertrauen. Sie werden in Übereinstimmung mit den Festlegungen der KSZE-Schlußakte und den Dokumenten der KSZE-Folgetreffen den gegenseitigen Vertrieb von Presseerzeugnissen ermöglichen und die Verbreitung von Informationen und Programmen über die anderen Medien und modernen Kommunikationsmittel erleichtern.

Artikel 21
(1) Die Vertragschließenden Seiten fördern eine umfassende Zusammenarbeit auf den Gebieten der Kultur, Wissenschaft und Bildung. Sie bilden eine paritätische Kulturkommission und eine paritätische Kommission für Wissenschaft und Bildung. Aufgabe der Kommissionen ist es, Vorschläge zur Zusammenarbeit einschließlich neuer Kooperationsformen und der Schaffung gemeinsamer kultureller und wissenschaftlicher Körperschaften auszuarbeiten und deren Realisierung vorzubereiten.

(2) Auf der Grundlage des Abkommens zwischen der Regierung der Deutschen Demokratischen Republik und der Regierung der Bundesrepublik Deutschland über kulturelle Zusammenarbeit werden insbesondere die Kooperation bei der Pflege und schöpferischen Aneignung des nationalen und europäischen Kulturerbes sowie der Austausch kultureller und wissenschaftlicher Leistungen entwickelt.

(3) Auf dem Gebiet der Wissenschaft und Bildung wird der Austausch von Fachkräften und Auszubildenden gefördert. Auf allen Bildungsebenen wird eine Angleichung der Ausbildungsinhalte vorgenommen und die Anerkennung der Gleich-

wertigkeit von Zeugnissen, Diplomen und anderen Ausbildungsnachweisen angestrebt.

Artikel 22

(1) Die Vertragschließenden Seiten arbeiten zur Verhinderung und Aufklärung schwerer Straftaten sowie zur Gewährleistung einer schnellen und wirksamen Bekämpfung von Katastrophen, Havarien und Bränden insbesondere im grenznahen Raum eng zusammen und unterhalten dabei unmittelbaren Kontakt zwischen den zuständigen Dienststellen. Der gemeinsamen Bekämpfung des internationalen Terrorismus und der Rauschgiftkriminalität schenken sie besondere Aufmerksamkeit.

(2) Die zuständigen Ministerien und Dienststellen der Deutschen Demokratischen Republik und der Bundesrepublik Deutschland schließen entsprechende Vereinbarungen über die Modalitäten der Zusammenarbeit ab.

Artikel 23

(1) Die Vertragschließenden Seiten werden zur Gewährleistung des Rechtsschutzes der Bürger und zum Ausbau einer umfassenden Zusammenarbeit auf dem Gebiet des Rechtsverkehrs sobald als möglich einen Rechtshilfevertrag abschließen.

(2) Bis zur vertraglichen Regelung des Rechtsverkehrs gemäß Absatz 1 wird der Rechts- und Amtshilfeverkehr im Interesse der Betroffenen konstruktiv und ohne administrative Erschwernisse auf den zwischen beiden Seiten in der Praxis des außervertraglichen Rechtshilfeverkehrs bewährten Ebenen abgewickelt.

Artikel 24

Die Vertragschließenden Seiten sprechen sich für die Entwicklung und den Ausbau von Direktbeziehungen zwischen den Parlamenten beider Staaten aus.

Artikel 25

(1) Die Vertragschließenden Seiten fördern die partnerschaftlichen Beziehungen auf kommunaler Ebene. Sie unterstützen die Tätigkeit von Regionalausschüssen aus Vertretern von Gebietskörperschaften der Deutschen Demokratischen Republik und der Bundesrepublik Deutschland sowie einer entsprechenden Kommission auf Regierungsebene.

(2) Die Vertragschließenden Seiten fördern die Zusammenarbeit gesellschaftlicher Kräfte, von Kirchen und Religionsgemeinschaften, Parteien und Organisationen, Jugend- und Sportverbänden, insbesondere im Hinblick auf gesamteuropäische Zielsetzungen.

Artikel 26

(1) Die Vertragschließenden Seiten stimmen darin überein, daß durch diesen Vertrag die von ihnen früher abgeschlossenen oder sie betreffenden zweiseitigen und mehrseitigen internationalen Abkommen und Vereinbarungen nicht berührt werden.

(2) Die Vertragschließenden Seiten stellen fest, daß die Rechte und Verantwortlichkeiten der vier Mächte und die entsprechenden diesbezüglichen vierseitigen Vereinbarungen, Beschlüsse und Praktiken durch diesen Vertrag nicht berührt werden können.

Artikel 27

Entsprechend dem Vierseitigen Abkommen vom 3. September 1971 wird dieser Vertrag mit Ausnahme des Artikels 5 in Übereinstimmung mit den festgelegten Verfahren auf Berlin (West) ausgedehnt.

Artikel 28

Dieser Vertrag bedarf der Ratifikation und tritt am Tage des Austausches der Ratifikationsurkunden in Kraft.

Anlage 5
Erklärung des Ministerpräsidenten auf der Pressekonferenz
am 1. Februar 90 zur Erläuterung seiner Konzeption
»Für Deutschland, einig Vaterland«

Die Völker Europas blicken in diesen Tagen und Wochen auf
die beiden deutschen Staaten. Die kompliziert verlaufende
demokratische Erneuerung in der DDR und die künftigen
Beziehungen zwischen der DDR und der BRD sind von erheb-
lichem Einfluß auf das Europa von heute und in diesem Jahr-
zehnt. Frieden, Sicherheit und Stabilität auf dem Kontinent
hängen mehr denn je davon ab, wie die Deutschen ihre Probleme lösen. Dafür unterbreite ich eine Konzeption.

Deutschland soll wieder einig Vaterland aller Bürger deutscher Nation werden. Damit von ihm nie mehr Gefahr für
Leben und Gut seiner Nachbarn ausgeht, sind Verantwor-
tungsbewußtsein, Behutsamkeit und Verständnis für das Mach-
bare und für Europa Ertragbare erforderlich.

Das kann gewährleistet werden bei fester Einbindung der
deutsch-deutschen Beziehungen in die gesamteuropäische Entwicklung. So wie sich die DDR und die BRD in ihrem Streben
nach qualitativ neuer Zusammenarbeit und stärkerem Zusammenwachsen als Teil des gesamteuropäischen Einigungsprozes-
ses verstehen, werden sie zum Wohl ihrer Völker und nicht
zum Schaden und auf Kosten derer ihre gemeinsame Zukunft
gestalten.

Deshalb ist es geboten, dem verständlichen Drängen großer
Teile der Bevölkerung in beiden Staaten ein Richtmaß zu
geben, das eine friedliche Entwicklung ermöglicht und einen
vernünftigen Zeithorizont für die Vereinigung der beiden
deutschen Staaten erkennen läßt. Dieser Zeithorizont bestimmt sich durch das Bewältigen der notwendigen Schritte.
Die DDR unterbreitete in der Vergangenheit mehrfach konkrete Vorschläge zur Wiederherstellung der Einheit Deutschlands. Diese Vorschläge, darunter der Plan zur Schaffung einer
deutschen Konföderation, fanden damals jedoch nicht den

gebührenden Widerhall. Es darf nicht zugelassen werden, daß die heutige Chance für grundlegende qualitative Veränderungen in den deutsch-deutschen Beziehungen erneut ungenutzt bleibt, der praktische Weg dahin durch unausgewogene und rechtswidrige Forderungen blockiert wird.

Nach der Logik und seinem Sinn nach wird der Prozeß der deutschen Vereinigung eng mit dem Bau des gesamteuropäischen Hauses und der europäischen Konföderation verbunden sein. In diesem gesamteuropäischen Haus darf kein Platz für Politik der Stärke sein. Es ist davon auszugehen, daß bereits im Stadium der Konföderation beide deutsche Staaten sich Schritt für Schritt von ihren Bündnisverpflichtungen gegenüber dritten Ländern lösen und den Status militärischer Neutralität erlangen. Die Grenze zwischen der DDR und der BRD hört dann auf, Trennlinie der beiden Militärgruppierungen mit allen daraus resultierenden Folgen zu sein.

Die Konzeption »Für Deutschland, einig Vaterland«, die ich Ihnen unterbreiten möchte, sieht ein stufenweises, für die europäischen Völker überschaubares und berechenbares Zusammengehen beider deutscher Staaten vor. Nichts darf geschehen, was dem Prozeß zur Überwindung der Teilung Europas zuwiderläuft und neue Gefahren schafft. Bestehende gesamteuropäische Strukturen wie der KSZE-Prozeß sollten den Rahmen bilden.

Das Konzept enthält Vorschläge, wie die Überwindung der Spaltung der deutschen Nation in einer europäischen Friedensordnung vorstellbar ist. Damit eröffnen sich ganz neue Perspektiven der Abrüstung für Europa und darüber hinaus. Deutschland und nicht nur Deutschland hat die realistische Chance, von Massenvernichtungswaffen frei zu werden.

Anliegen ist es, und darin weiß ich mich mit vielen Politikern, mit unzähligen Bürgern beider deutscher Staaten einig, daß die Deutschen in freier Selbstbestimmung die Einheit ihres Vaterlandes erreichen und dieser Prozeß eingebettet ist in die gemeinsamen Anstrengungen für ein friedliches kooperatives Europa.

Anlage 6
Wortlaut der Konzeption
»Für Deutschland, einig Vaterland«

Europa tritt in eine neue Etappe seiner Entwicklung ein. Das Nachkriegskapitel wird abgeschlossen. Voraussetzungen für eine friedliche und gutnachbarliche Zusammenarbeit aller Völker bilden sich heraus. Die Vereinigung der beiden deutschen Staaten rückt auf die Tagesordnung.

Das deutsche Volk wird seinen Platz beim Aufbau der neuen Friedensordnung finden, in deren Ergebnis sowohl die Teilung Europas in feindliche Lager als auch die Spaltung der deutschen Nation überwunden werden. Es ist die Stunde gekommen, einen Schlußstrich unter den zweiten Weltkrieg zu ziehen, einen deutschen Friedensvertrag abzuschließen. Durch ihn würden alle Probleme geregelt, die mit der Aggression Hitlerdeutschlands und dem Scheitern des Dritten Reiches verbunden sind.

Eine endgültige Lösung der deutschen Frage kann nur in freier Selbstbestimmung der Deutschen in beiden Staaten erreicht werden, in Zusammenarbeit mit den vier Mächten und unter Berücksichtigung der Interessen aller europäischen Staaten. Sie muß den gesamteuropäischen Prozeß fördern, der unseren Kontinent ein für allemal von militärischen Gefahren befreien soll. Die Annäherung beider deutscher Staaten und ihre nachfolgende Vereinigung darf durch niemanden als Bedrohung betrachtet werden.

In diesem Sinne schlage ich einen verantwortungsbewußten nationalen Dialog vor. Sein Ziel sollte es sein, konkrete Schritte zu bestimmen, die zu einem einheitlichen Deutschland führen, das ein neuer Faktor der Stabilität, des Vertrauens, des Friedens in Europa zu werden bestimmt ist.

Die Vertreter der DDR und der BRD könnten mit einem solchen Dialog und in gleichberechtigten Verhandlungen bestmögliche Antworten auf die Fragen nach der Zukunft der deutschen Nation finden.

Die Schritte auf dem Weg zur deutschen Einheit könnten sein:

— Abschluß eines Vertrages über Zusammenarbeit und gute Nachbarschaft als eine Vertragsgemeinschaft, die bereits wesentliche konföderative Elemente enthalten sollte, wie Wirtschafts-, Währungs- und Verkehrsunion sowie Rechtsangleichung.

— Bildung einer Konföderation von DDR und BRD mit gemeinsamen Organen und Institutionen, wie z. B. parlamentarischer Ausschuß, Länderkammer, gemeinsame Exekutivorgane für bestimmte Bereiche.

— Übertragung von Souveränitätsrechten beider Staaten an Machtorgane der Konföderation.

— Bildung eines einheitlichen deutschen Staates in Form einer Deutschen Föderation oder eines Deutschen Bundes durch Wahlen in beiden Teilen der Konföderation, Zusammentreten eines einheitlichen Parlaments, das eine einheitliche Verfassung und einheitliche Regierung mit Sitz in Berlin beschließt.

Notwendige Voraussetzungen für diese Entwicklung:

— Jeder der beiden deutschen Staaten trägt dafür Sorge, die Schritte zur Einheit Deutschlands mit seinen Verpflichtungen gegenüber anderen Ländern und Ländergruppen sowie mit notwendigen Reformen und Veränderungen in Übereinstimmung zu bringen. Hierzu gehört der Übergang der DDR zur Länderstruktur. Wahrung von Stabilität, Recht und Gesetz im Innern gehören ebenso zu den unabdingbaren Voraussetzungen wie die strikte Erfüllung früher abgeschlossener Verträge zwischen der DDR und der BRD, die unter anderem vorsehen, sich gegenseitig nicht in innere Angelegenheiten einzumischen.

— Wahrung der Interessen und Rechte der vier Mächte sowie der Interessen aller Völker Europas an Frieden, Souveränität und sicheren Grenzen. Die vier Mächte sollten ihre Absicht erklären, nach Bildung eines einheitlichen deutschen Staates alle aus dem zweiten Weltkrieg und der Nachkriegsperiode entstandenen Fragen abschließend zu regeln, einschließlich der Anwesenheit ausländischer Truppen auf deutschem Boden und der Zugehörigkeit zu Militärbündnissen.

— Militärische Neutralität von DDR und BRD auf dem Weg zur Föderation.

Dieser Prozeß der Vereinigung der Deutschen vollzieht sich auf der Grundlage von Vereinbarungen zwischen den Parlamenten und Regierungen der DDR und der BRD. Alle Seiten bekunden ihren Willen zu demokratischen und gewaltlosen Formen der politischen Auseinandersetzung und schaffen dazu notwendige Garantien einschließlich Volksbefragungen.

Diese Konzeption bekennt sich zu den demokratischen, patriotischen, fortschrittlichen Ideen und Bewegungen für die Einheit der deutschen Nation aus gemeinsamer Geschichte und jüngster Vergangenheit. Sie bekennt sich zu den humanistischen und antifaschistischen Traditionen des deutschen Volkes.

Diese Konzeption wendet sich an die Bürger der DDR und der BRD, an alle europäischen Völker und Staaten, an die Weltöffentlichkeit mit der Bitte um Unterstützung.

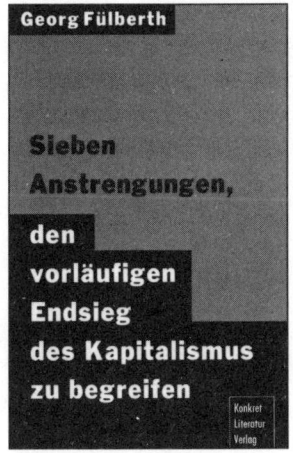